趣史记

历史大好玩 1

假如古代帝王有独白

明小叔 著

文化发展出版社
Cultural Development Press
·北 京·

图书在版编目（CIP）数据

历史太好玩了．1，假如古代帝王有独白 / 明小叔著
．— 北京 ：文化发展出版社，2023.6
ISBN 978-7-5142-3947-8

Ⅰ．①历… Ⅱ．①明… Ⅲ．①中国历史－青少年读物
Ⅳ．①K209

中国国家版本馆CIP数据核字(2023)第048345号

历史太好玩了1　假如古代帝王有独白

著　　者：明小叔

出 版 人：宋　娜　　责任印制：杨　骏
责任编辑：孙豆豆　　责任校对：岳智勇
策划编辑：曹文静　　封面设计：万　聪
出版发行：文化发展出版社（北京市翠微路2号 邮编：100036）
网　　址：www.wenhuafazhan.com
经　　销：全国新华书店
印　　刷：河北文扬印刷有限公司

开　　本：797mm × 1092mm　1/16
字　　数：150千字
印　　张：17.75
版　　次：2023年6月第1版
印　　次：2023年6月第1次印刷

定　　价：168.00元（全3册）
I S B N：978-7-5142-3947-8

◆ **如有印装质量问题，请电话联系：010-68567015**

前言

大家好，我是这套《历史太好玩了》的作者，明小叔。

说起开笔创作这套书初衷，是因为发现在有些历史题材相关作品中时常会出现对历史事件、人物的描述片面化、脸谱化的现象。作为一个有思想有灵魂的历史人物，会不会有他的内心世界和思想交锋呢？答案是肯定的。所以我选取了一些大家耳熟能详的历史人物，尝试走进他们的内心，探寻在那个时代的各位亲历者不同的想法，争取还原、构建出一个个立体、有趣、丰富、多态、真实的“人”。

这些人物里，有齐桓公、秦始皇、汉武帝这样的开疆拓土、建功立业的雄主，也有商纣王、隋炀帝、李后主这样的亡国之君；有管仲、伍子胥、诸葛亮这样的匡扶君王成就霸业的功臣，也有刘屈牦、杨国忠、贾似道这种败事有余的身败名裂之徒；有季布、霍去病、李靖这样的“常胜将军”，也有吕布、周瑜、潘美这样的受文学作品戏说影响，掩盖历史真相的猛将。当这些“人”

栩栩如生、饶有趣味地坐在我们对面时，我们才能通过他们更全面、客观地了解他们背后的那一段历史。

著名的意大利历史学家克罗齐曾经说过，一切历史都是当代史。中国人也信奉，以史为镜可以知兴替。深入学习历史，并从历史中汲取教训，对人类的发展有着重要的意义。人类的未来——孩子，更应该从小热爱历史，熟悉历史，借鉴历史，运用历史，为自己的人生助力。

小叔一直认为，历史不是枯燥的，不是风干的。虽然年代久远，甚至缺乏足够的史实支撑，但仍蕴含着不可低估的情感和张力，能够让人沉醉其中，徜徉其里。跟古人交谈，这个过程充满了新鲜和挑战，能够让人汲取智慧，实现真正的成长。大人如此，孩童亦然。如果孩子能够从这一套书系当中获得知识和快乐，并收获一些做人做事的经验和准则，明小叔就心满意足了。倘孩子还能建立正确的历史观和价值观，并以之指导人生，那就是明小叔的无量功德了……就以此做个开场白吧。

——明小叔

目录

太甲

帝辛

姬宫涅

姜小白

姬重耳

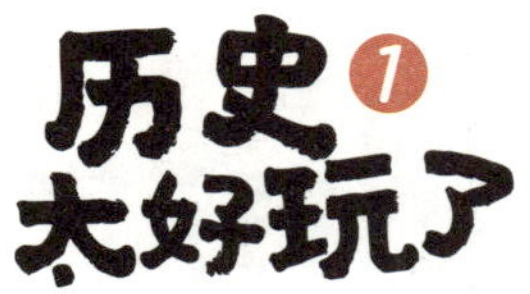
历史
太好玩了
1

勾践

嬴驷

嬴稷

嬴政

历史
太好玩了
1

历史
太好玩了
1

假如古代帝王有独白……

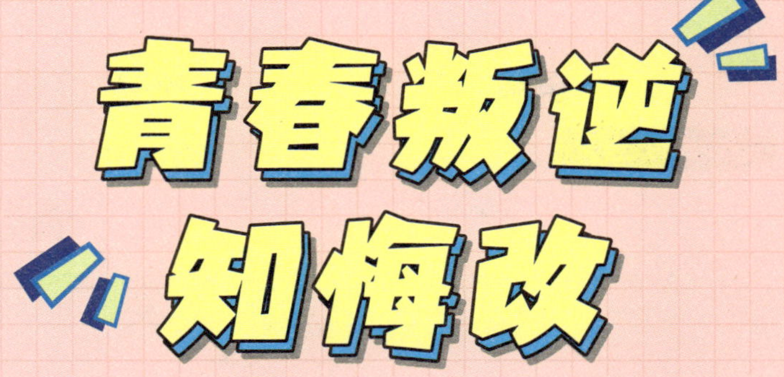

商太宗　太甲

姓　　名：子至
庙　　号：商太宗
生　　卒：生卒年不详
出 生 地：亳都（今河南省商丘市）
民族族群：华夏族
职　　位：商朝第 4 任君主

进入会场

哎呀，我知道了。

我就不信，我还说服不了你。

你说你是不是傻？

嘿，你还有理由了？

我不管，我就不听，就不听！

太甲

自辩榜 001 名 >

更多直播间 >

今天出场的是商王太甲。据说他在位时，刚开始还说得过去，后来就变了，暴虐百姓，朝政混乱……四朝元老伊尹无奈之下就把他放逐到桐宫，直到他改过自新，才还政于他。具体发生了什么事，还得他亲自来一吐为快！

参加此次大会的还有商汤、伊尹。

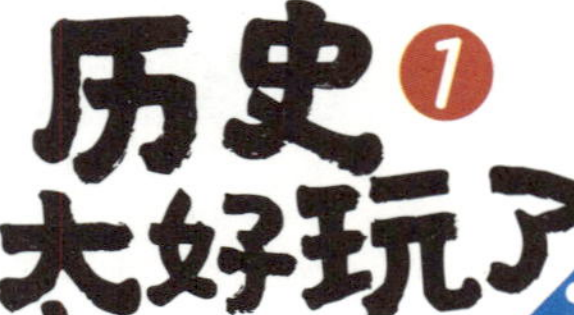

商汤：商朝的建立者

伊尹：商朝的开国功臣

太甲

大家好，我是商朝的第 4 任君主，别名叫太甲。我是商朝创始人商汤的嫡长孙。由于我父亲太丁死得早，按照商朝兄终弟及的继承制，我的两位叔叔外丙、中壬相继继位，然后才轮到我。我继位的时候还很年轻，幸亏有四朝老臣伊尹辅佐我。他连着撰写多篇文章，教育我如何治国。我本来也是很听他话的，可是后来我觉得他管得太多了，因此就起了逆反心理——凡是伊尹说过的话我就反对，凡是伊尹做过的事我就推翻，说起来我才是大商的国君，怎么能容他指手画脚？虽然在拥立我当王这件事上，伊尹是有功的，可我就是看不惯他对我指指点点的样子。

商汤

傻孩子，伊尹可是我留给你的一把利剑，你怎么能说烦就烦呢！

太甲

爷爷，我知道我做得有点儿过分，可是我实在受不了伊尹那副说教的嘴脸啊！他曾经给我写过一篇名叫《肆命》的文章，里面专讲如何分清是非的道理，什么样的事情不应当做，什么样的事情应当做。爷爷，我可是个大人了，不是个孩子，还用得着他唠叨？另外一篇文章《徂后》，说的是爷爷制定的法律制度，让我不要背弃祖训，为所欲为。我真的很生气，我一向是以您为榜样的，从小就立志要做一个像您一样英明伟大的王，伊尹也知道我这个志向，可是他不止一次地叨叨，让我心里非常不痛快。

伊尹

我的王，我还不是为了你好？我就怕你把路走歪了，那样我就对不起你爷爷了。你爷爷筚路蓝缕建立商朝，容易吗？

太甲

我不管，你虽然是四朝元老，可也不能把手伸得过长，尤其是你不能控制一个现任的王，听清楚了吗？我才是商朝的大王，你是辅佐我的，不是命令我的！

商汤

孩子，这就是你偏执的理由？

太甲

不错，我处处都跟他对着干，让他知道天无二日，商朝无二王。他不是教我要爱民吗？我偏不；他不是教我要勤政吗？我偏偏懒政、乱政；他不是教我要效法汤王吗？我偏偏故意破坏爷爷制定下来的政策。伊尹不就是个奴隶出身的厨子吗？有什么权力来管制我？

商汤

孙子，你哪里知道，伊尹不光是个厨子，还会治国理政。想当初他就是用厨房里的那些道理让我知道了如何治国，如何推翻夏朝，怎么到你小子这儿就无能了？

伊尹

你小子翅膀硬了。

太甲

事实证明，我的翅膀还是没伊尹你硬，姜还是老的辣。最后，你不能容忍我的胡作非为，就把我放逐到桐宫去面壁思过。据说在我思过的三年里，你真的成了商朝的王了。

伊尹

我冤枉，我绝对没当王，我只不过代你治理国家，等你改过自新了，我还要还给你的。

太甲

桐宫就在爷爷的坟墓附近。我日日夜夜都能看见那座低矮的宗庙。守墓人不止一次跟我讲起爷爷创业的故事，让我感动得痛哭流涕。我对自己过去的行为充满了悔恨。我发誓，如果有一天伊尹真的还政于我了，我一定做个贤王，把商朝治理好。

商汤

这才是我的好孙子。

伊尹

伟大的汤王啊，您的孙子没有辜负您。他在桐宫认真改过。我是知道的，所以我及时把他接回了王宫，让他再次主政。他像变了个人似的，把上至国家大事下到百姓生活都治理得井然有序，使商朝进入了一个稳定发展的时期。

谁没青春年少过，谁没叛逆过。叛逆而能改，太甲不失为英明之王！

伊尹

 ××年

其实这治国和做菜也差不多。

 3 喜欢 

商汤

伊尹，你当厨子屈才了啊。

太甲

爷爷说得对。

假如古代帝王有独白……

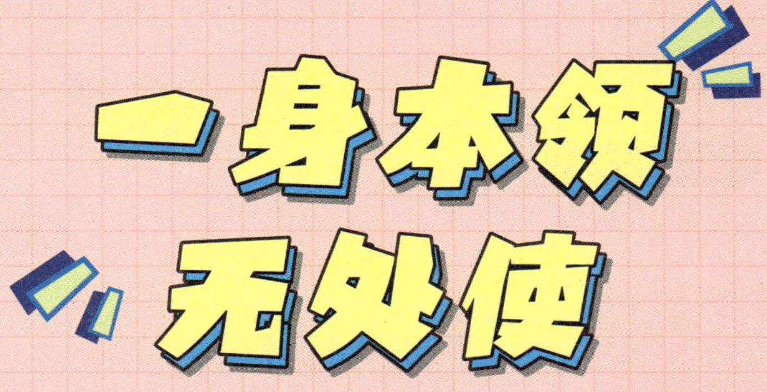

姓　　名：子受（一作受德）
庙　　号：无
生　　卒：？—前 1046 年
出 生 地：朝歌（今河南省鹤壁市淇县）
民族族群：华夏族
职　　位：商朝末代君主

进入会场

帝辛

自辩榜 002 名 >

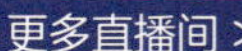

更多直播间 >

今天出场的是“臭名昭著”的纣王帝辛。有一本著名的小说《封神演义》，里面把他描绘成一个荒淫无度、酒池肉林的无道之王，最终被周武王攻破都城，自焚而死。但也有不少人为他翻案，说他是个有为之主。究竟谁是谁非，且听帝辛本尊一吐为快！

参加此次大会的还有微子启、妲己、周武王、周文王、武乙、姜太公、周公、武庚、许仲琳。

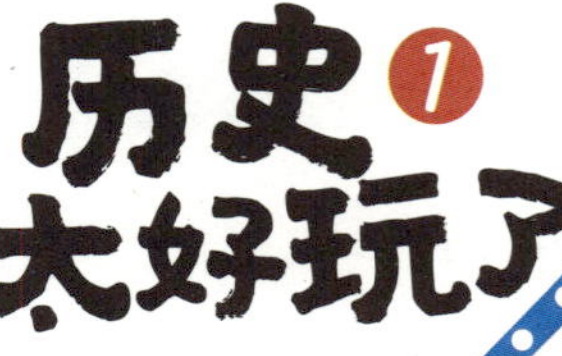

微子启：商纣王的哥哥	**姜太公**：周朝的开国功臣
妲　己：商纣王的王后	**周　公**：姬旦，周武王的弟弟
周文王：姬昌，周朝的奠基人	**武　庚**：商纣王之子
周武王：姬发，周朝的建立者	**许仲琳**：小说《封神榜》的作者
武　乙：商朝第 27 任国君	

帝辛

大家好！我可以负责任地告诉大家：古今中外，从古至今，没有一个人会比我更冤枉，没有一个人的名声会比我蒙受了更多的玷污！我的恶名都是拜周武王和姜太公二人所赐。他们为了打败我，展开了舆论战，造谣中伤，从未停止。说我宠信妲己，还造了一个词，叫什么“牝鸡司晨”，还说我建了一个酒池子，两边悬挂着“烤肉”，烤肉加烈酒，就把大商给败亡了？到现在想起来，我都会被气得鼓鼓的，没你们这么冤枉人的。我自打一即位，就励精图治，对内重用小臣集团，打击巫权势力；对外攻打东夷部落，大大拓展了疆土。说起攻打东夷，要不是我把东夷打得稀里哗啦，抓回来那么多的俘虏，最后无法消化安置，也不会被周武王趁机攻下朝歌。要是我的大军没有去攻打东夷，小小周族那点儿攒鸡毛凑掸子的军队也想攻下朝歌？简直是痴心妄想！

周武王

事实胜于雄辩！你总之是战败了，而且还自焚而死，还有什么好说的？

姜太公

您说得太对了，多行不义必自毙，咱们还需要给他造谣吗？脚上的泡，自己走的！

微子启

当初父亲要把帝位传给我，我考虑到自己出身低贱，就把帝位让给了你。要早知道大商到你这儿就亡国了，我就自己干了。

帝辛

子启兄，你自己干也斗不过他们俩。周武王可比他父亲姬昌坏多了。现在我想想，当初真是心慈手软，没把姬昌这个老家伙杀死，还让他在羑里画画。真是放虎归山，终会伤人。

周文王

我谢谢你，你倒是想杀我，可是看见我们周族进献的珍宝不是眼也直了吗？我画画也没白画，我画的是将八卦衍生的六十四卦。你还不知道吧，虽然你把我囚禁在那个小黑屋子里，但没想到无心插柳柳成荫，我竟然创作了《周易》。告诉你，文章千古事，《周易》可被后世尊为中华经典的源流，流传时间比我大周的国祚还绵长呢！

帝辛

你这是说我大商没文化吗？告诉你，大商的巫文化才是源远流长呢！自从商朝建立，王权和巫权就并立，成为我大商的执政基础。后世的研究者说我们是王巫共治，这也没什么不对。要不是后来巫权过度扩张，引起王权的警觉和不满，我也不会出重拳打击巫权。事实证明，王巫共治的基础牢不可破，我妄想让王权一枝独秀，不想却一败涂地，甚至亡了国。你们真的以为我是败于姬发和姜太公吗？开玩笑！他们跟我斗，还差得远呢！我是内部先乱了，主力军队又不在……

武乙

曾孙子，你真是不读书啊！但凡读几本书，了解一下历史，也不会重蹈我的覆辙。我当初为了对抗巫权，比你玩得还大。知道武乙射天吗？我用一个皮囊盛满血代表巫王，然后用箭射它，射得血满地都是。我以此告诉世人，巫权被我王权打败了。结果你猜怎么着？完全不是那么回事。史书上说我被雷击而死。曾孙子，我告诉你吧，我绝对是被巫权的人害死的。

帝辛

这段历史我知道，也就是从您开始，王权跟巫权的斗争再未停止过。但我没想到，巫权的势力如此根深蒂固，我好不容易动摇了它的根基，却也付出了亡国的代价。这也没什么想不通的。我生气的是，我的失败百分之九十来源于内部因素。姬发和姜太公怎么脸皮那么厚，说他们打败了我？

姜太公

这你就不懂了吧，这就叫成王败寇，谁叫在鹿台自焚的是你而不是我们呢？

武庚

父亲，我想给你报仇。姬发死后，我联合管叔、蔡叔、霍叔一起发动了三监之乱，差点成功了呢！

周公

我还以为成功了呢！哥哥，我为了保住大周，可是尽心竭力啊，一丝篡位的心思都没有！

周武王

弟弟，我知道你没有，你要是敢有，我做鬼都不会放过你！

帝辛

你们看看，周族的兄弟之间就是这么猜忌，哪像我们大商兄终弟及，兄弟轮着坐帝位，其乐融融。

姜太公

那是不是得问问比干？

帝辛

我叔叔怎么了？我们之间叔侄至亲，举世皆知，难道你们还在我们叔侄情分上编派了什么谣言吗？

周武王

也没什么谣言，不过是你把比干的心挖了出来，想看看他的心到底有几窍？

妲己

大王，这事儿我知道，这都怪一个叫许仲琳的明朝人。他把我朝的事写成了一部小说，叫《封神演义》，把咱们写得乌七八糟。说我狐媚君上、祸乱国家；说你荒淫无道、设计炮烙之刑、剖比干之心，简直是坏透了！

帝辛

姓许的，我爱妃说的可是真的？

许仲琳

我也是翻检了史料的……

帝辛

气煞我也！我那叔叔比干幼年聪慧，勤奋好学，忠君爱

国，为民请命，敢于直言劝谏，从政四十多年，发展农牧业，富国强兵，是个大大的贤臣、忠臣。我信任还来不及呢，怎么会剖其心呢！可见你们为了抹黑我，真是无所不用其极。

许仲琳

不要怪罪我，我写的是小说。小说，懂不懂？小说除了人名和地名是真的，其余都是假的。而且我当时也综合了长期以来的历史立场来立意。可见后世对你的评价早就失真了，我不过是拾人牙慧而已。

帝辛

你这么一说，我确实应该自我反省。我为什么做了亡国之君？要是我对内能够平衡王巫之间的争夺之势，多重用比干这样的贤臣，关注民生和爱惜民力，对外减少征伐，优待俘虏，或许姬发和姜太公就不敢打我大商的主意了。

善哉！帝辛如果真能够这么想，也是难能可贵。不过明小叔也认为，不能把帝辛脸谱化，他其实是个很有本事的人。《史记·殷本纪》上也记载他文武双全且膂力过人，尤其是他经营东南，把中原文化跟东夷文化融合起来，功莫大焉。但他贪大，俘虏政策做得不太好，给周族可乘之机，导致了商朝的灭亡。

气煞我也！你们为了抹黑我，无所不用其极。

不要怪罪我，我写的是小说。小说，懂不懂？小说除了人名和地名是真的，其余都是假的。

实力背锅传千古

周幽王 姬宫湦

姓　　名：姬宫湦
庙　　号：无
生　　卒：约前 795 —前 771 年
出 生 地：镐京（今陕西省西安市）
民族族群：华夏族
职　　位：西周第 12 任君主

进入会场

姬宫涅

自辩榜 003 名 >

更多直播间 >

周幽王是周朝第 12 任君主，也是西周最后一任君主，关于他，最有名的故事要属“烽火戏诸侯”，世人也把西周的灭亡归咎于此。然而，出土的清华竹简却证明，“烽火戏诸侯”非常值得商榷。究竟真相如何，西周因何而亡，且听周幽王本尊一言！

参加此次大会的还有周厉王、周宣王、犬戎王、虢石父、褒姒、申后、申侯、周平王。

周厉王：姬胡，西周第 10 任君主
周宣王：姬静，周朝第 11 任君主
犬戎王：西周时期西戎游牧部落的酋长
虢石父：周幽王时期的上卿
褒　姒：周幽王的第 2 任王后
申　后：周幽王的第 1 任王后
申　侯：周平王的外祖父
周平王：东周第 1 任君主

姬宫湦

大家好，我是周幽王姬宫湦。历史上关于我最大的谎言就是竟然污蔑我为了博得褒姒一笑，“烽火戏诸侯”，最后当犬戎国真的杀到的时候，却没有诸侯国前来救我，以至于西周亡了国。这种低级的“狼来了”的故事，竟然流传了上千年，而且很多人都信以为真。我的神啊！我都无语了！

周平王

父亲，这也不能怪我，为了能够立稳脚跟，坐稳天子之位，我只有牺牲你这位先帝了，把所有的不是都栽到你身上，让天下人都相信我是正义的，谁让死人不会说话呢！不过要说全赖我，我也不承认，我底下那班子文臣也都统一了口径，这叫作“东周的意志”。

姬宫湦

你这么抹黑你老子，简直是丧心病狂。我虽然没什么本事，但也没什么巨大的过错。要说有就是宠信虢石父。这个家伙太黑心了，欺上瞒下，把大周搞得乌烟瘴气，老百姓都恨死他了。我也是被猪油蒙了心，竟然没发现这老鬼这么不靠谱，害苦了大周的老百姓。虢石父你说说，我大周的灭亡你是不是责任最大？

虢石父

我比您还冤呢！是，我贪财，我喜欢与民争利，把大周搞得民不聊生。可是我愿意那么做吗？大周的官员都那么去做，我怎么能独善其身呢？而且大周的灭亡绝对不赖我，当然也不赖大王您，要怪就怪您的爷爷——周厉王。他在位的时候，发生国人暴动，人民把他赶跑了，后来共和执政了许多年，才把您父亲周宣王扶上王位。他虽然号称中兴，可骨子里却把大周的事搞坏了，中央与诸侯的关系坏得一塌糊涂。

周厉王

虢石父，你就是传说中的“甩锅侠”吗？国人暴动怎么了，架得住我能跑吗？

周宣王

虢石父，你能不能说点实话？西周经过我父亲厉王一番折腾，差点儿完蛋。多亏了我锐意进取，使得周朝再次强大，史称宣王中兴，这还不够我吹吹牛的？

姬宫涅

父亲，您就别吹了。您晚年发动的那些对外战争，总是打败仗，不但耗尽了大周的财力，还把老百姓搜刮得干干净净，老百姓就差送您一个外号了——周扒皮。等我继位的时候，接管的不过是个烂摊子，呜呜呜，我那位仁德的叔叔郑桓公，竟然认为大周气数已尽，把自己的王国迁到中原去了。赵国的先祖叔带也预感周王朝将要灭亡，从镐京离开，去了晋国。此时的大周已然病入膏肓，怎么能把灭亡的骂名让我一人担呢？我不服！

褒姒

大王，他们就是看不惯你宠我，才编派出这么多恶毒的谣言。我这么美丽贤淑，怎么会让你干那种“烽火戏诸侯”的勾当呢，抹黑是个技术活，他们也不掂量掂量自己几斤几两！

申后

都是你害的，还在这里巧言狡辩，哼！

姬宫湦

你们两个别吵了，不就是立储的事吗？整天在我耳根子底下嗡嗡叫，像苍蝇似的，我都烦死了。我宠爱褒姒有错吗？我作为大周的大王，难道连这点儿权力都没有吗？别以为你背后是申国，我就不敢换掉你，照换不误！

申侯

小子！注意你的言辞！我可给你守着西大门呢，你要是敢有坏主意，我可饶不了你！

犬戎王

您说得太对了，如果周幽王这小子不老实，咱们就联手打过去，让他吃不了兜着走。我们游牧民族能征惯战，要不是给您面子，我早到镐京扫荡过好几回了！

姬宫湦

唉，就怪我生不逢时，摊上了末世，爱上个美女，却不能天长地久，反被一干奸人、恶人算计。就连我的亲儿子都带头黑我，让我在历史上背负骂名。我也曾想加强中央的权威，主动带兵去攻打申国。可是申国和犬戎结成同盟，还有个前太子作为内应，我怎么能成功呢？最后还不是被他们联合绞杀！我也只好认命。

周平王

父亲，别沮丧，背负骂名的不光有您，还有褒姒和烽火，嘻嘻。

姬宫湦

“烽火”是谁？

周平王

戏诸侯的啊！

姬宫涅

你这个不孝子！

周幽王虽然称不上贤君，但也绝不是个昏君，只能说是一个能力一般的普通帝王。他继位的时候，西周的礼乐制度已经崩坏，他注定回天乏术。从他上位的那一刻，他就被强大的诸侯——申侯盯死了。自己的王后是申侯的女儿，太子是申侯的外孙，周围都是申侯的影子。褒姒给了他反抗的勇气，也让他奔向了死亡的境地。这就是周幽王的宿命。

脏水

不能全怪我啊，我随我父亲。

你这个不孝子！

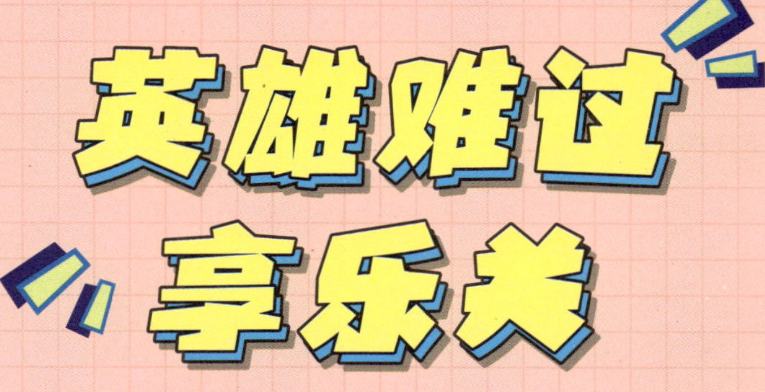

姓　　名：姜小白
庙　　号：无
生　　卒：？—前 643 年
出 生 地：临淄（zī）（今山东省淄博市）
民族族群：华夏族
职　　位：姜姓齐国第 16 任国君

进入会场

姜小白

自辩榜 004 名 >

更多直播间 >

今天要讨论的人是齐桓公，春秋时期第一位霸主，前半生光辉闪耀——尊王攘夷，九合诸侯；后半生昏聩无德，最后竟死于小人之手，蛆虫覆体，贻笑后世。这期间究竟发生了什么故事？且听本尊一言！

参加此次大会的还有齐襄公、公子纠、鲍叔牙、管仲、易牙、竖刁、开方。

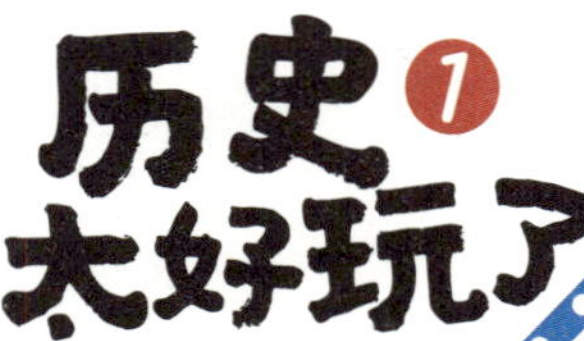

齐襄公：春秋时期齐国第 14 任国君
公子纠：齐桓公的哥哥
鲍叔牙：春秋时期齐国大臣
管　仲：春秋时期齐国大臣
易　牙：齐桓公的宠臣
竖　刁：齐桓公的宠臣
开　方：齐桓公的宠臣

姜小白

大家好，我是姜小白，我这一生，也曾光荣过，但结局不咋的，总结起来就是一句话——这个世界上什么最重要？人才！我年轻那会儿，哥哥是齐国的国君，就是臭名昭著的齐襄公，一点儿好事也不干，荒淫无道，凡事只要自己高兴就好。结果搞得内外皆怨，没一个人说好。出来混总是要还的，我觉得他迟早要摊上事儿，所以我就提前出国避祸了。我的另一位哥哥公子纠也看出齐国要出乱子，也跑到国外去了。我去了莒国，公子纠去了鲁国。我们跟前都有辅佐的人。辅佐我的叫鲍叔牙，辅佐公子纠的叫管仲。这两个人在历史上非常有名。著名的管鲍之交说的就是他们。他们是铁杆朋友，却辅佐了不同的主人，这或许就是造化弄人吧。

齐襄公

弟弟，老老实实地说你的事就得了呗，扯上我干啥。人生天地间，如白驹过隙，如果不尽可能满足自己的欲望，那不是白活了吗？再说了，要不是我把自己作死了，你能当上齐国的君主？真是得了便宜还卖乖！

姜小白

哥哥，你已经是过去式了，我现在想说说管鲍之交。你别插嘴！你是怎么死的，难道忘记了吗？多行不义必自毙，公孙无知的刀子沾满了你罪恶的血。如果你励精图治，他怎么敢动手杀了你？

齐襄公

我虽然被杀死了，可我的身上没有被蛆虫覆盖，弟弟你就不同了，死后两个月才被人发现，发现的时候，身上到处布满蛆虫，我连想想都觉得害怕。

姜小白

哥哥，你是来揭人伤疤的吗？

齐襄公

我向来都是有什么说什么的。

姜小白

简直不可理喻！公孙无知当了国君没多久，也被臣下发动叛乱杀死了。齐国接连遭遇不幸，两任国君前后死于非命，导致国君之位虚悬。齐国的那些老臣一琢磨，能够有资格继承国君之位的，除了我就是公子纠。于是分成两派，一派主张迎立我，一派主张迎立公子纠。我当时在莒国内心焦急，恨不能两肋生翅飞回齐国，接任国君之位。公子纠同样着急。当时我俩心里都有盘算。我获得了齐国老臣、权臣的支持，而公子纠获得了外援——鲁国的支持。就看谁能最快回国了。莒国比鲁国离齐国近，我是近水楼台先得月。公子纠为了阻止我先回齐国，便让管仲事先埋伏在莒国通往齐国的路边，等我从此经过的时候，一箭把我射死。管仲，我说得对吧！

管仲

对极了，当初我提前勘察了地形，按理来说肯定会射死你，不想上天助你，竟然让你逃过一劫。

姜小白

什么上天助我，天助不如自助。当时我的车马正常行驶中，一支箭突然射了过来，正好射在我的衣带钩上，吓了我一大跳，但我急中生智，将计就计，登时就仰面摔倒，假装被射死，蒙混过关。然后快马加鞭回到齐国，抢先登了王位。

公子纠

弟弟，你也太狡猾了！我当时以为你被射死了，我心想政敌被除掉了，齐国国君之位必然是我的了，我还着什么急？我慢悠悠地回到齐国，发现你竟然稳稳当当地坐在国君的位子上。此时我大惊失色，可惜已经晚了。

姜小白

你不是成功逃跑了吗？跑到鲁国去，想借兵夺回君位。结果，鲁国的军队不堪一击，被我的军马打败了。鲁国见势不妙，只好按照我的要求，把你杀掉，把管仲装进囚笼，给我送了回来。我当时恨死这个管仲了，一定报这一箭之仇不可。

公子纠

现在想想，兴许当时管仲是故意放你一马。他跟鲍叔牙是至交，他们背地里有什么交易也说不定。要不然为什么管仲被送回齐国后，你并没有杀死他？

管仲

公子纠，我冤枉啊！我当时真的以为射死了公子小白，并没有通敌！

鲍叔牙

我可以做证！我跟管兄可没什么暗箱操作。

姜小白

公子纠，别瞎猜了，实话告诉你吧，本来管仲被押到齐国，我说什么都要杀死他报仇的。可鲍叔牙一而再，再而三地保他，说管仲的才能比他要大百倍，还说我要是想称霸诸国，只有管仲能够帮我。我这个人还是爱惜人才的，因此才饶了管仲。

鲍叔牙

我跟管仲有交情不假，但不会因为私交去妨碍国家事务。我之所以百般阻挠君上，是因为管仲的确是个人才，不但能安邦定国，还能帮助君上称霸诸侯。我这叫举贤不避亲！

管仲

鲍兄，我能够活下来，而且还受到了国君的重用，全都是因为你的眼光长远和格局远大。

鲍叔牙

管兄，你过谦了，主要是你才能大，要不然为兄也不敢打这个包票。

姜小白

管仲真是个人才啊，辅佐我没几年，就让齐国富强起来，然后建议我尊重周王室的权威，并且当大哥去攻打异族，后来又帮我多次组织诸侯国会盟，让我站到了人生的巅峰——成为春秋第一位霸主，也让齐国收获了自姜太公立国以来的无限荣光。那时候，齐国说话，哪个诸侯国敢不听啊！诸侯国间有了矛盾，都得请我出面去主持公道。

管仲

我不过是尽我微薄之力而已。

鲍叔牙

你也别谦虚了，你绝对是个人物！

姜小白

是啊，管仲确实是个人物。要不然，我也不可能认他为仲父。我们之间真的是如鱼得水，比后来你们赞颂的刘备与诸葛亮之间的关系早多了。

鲍叔牙

从这个方面讲，说你是个谋略超群、见识远大、胸襟广阔的君主并不为过。要是没有后来那些乱子……

姜小白

唉，往事不堪回首。齐国强大之后，我也老了。我想着，都快奋斗一辈子了，也该歇歇了，把之前没享受过的快乐都享受一遍。吃老本也够我吃一阵子了。于是我就放松了警惕，结果被那些别有用心的人蛊惑了。我的身边出现了三个佞臣——竖刁、易牙和开方。竖刁为了侍奉我，竟然不惜自宫；易牙是个绝顶的厨子，自从吃了他做的饭，吃别人做的再也不香了；开方，原来是卫国国君的庶长子，他说的话我最爱听了。后来，离开这三个人，我就活不了了，于是我就封他们官，越封越高，甚至超越了管仲。

竖刁

我们做高官也是付出了代价的。我为了能够侍奉君上，也付出了很多的。

易牙

是啊，我也一样！君上，您忘了，有一次您说，您尝遍了天下各种奇珍异味，就是没吃过人肉。我听了，为了弥补君上这个遗憾，不惜杀死自己三岁的儿子给您尝鲜。您吃了以后，大为感动，说我是大大的忠臣。

管仲

要我说，你们两个是大奸臣。道理很简单，易牙连自己的儿子都不爱，竖刁连自己的身体都不爱惜，你们怎么会爱别人！

开方

我抛弃卫国的储君之位来侍奉君上，这应该算是忠臣了吧？

管仲

你连自己的亲生父母都能舍弃，怎么会效忠别人的父母呢？可惜的是，我当时快要死了，不能亲自处治这三个佞臣，否则绝不能让君上受辱而死！

姜小白

提起来都是泪啊，我当时也曾顾及仲父的面子，把这三个家伙赶跑了。可没多久我就受不了了，还是把他们召了回来。后来我生了病，这三个家伙竟然作乱，把我囚禁起来并让我活活饿死了。更可悲的是，死了也无人理睬，只落得个血肉狼藉、尸骨生蛆的下场，凄惨之至。都怪我没听管仲的话啊！

天大的英雄也受不了享乐主义的消磨。齐桓公意气风发，在管仲的辅佐下，成为春秋时期第一位霸主，是何等的英雄！没想到晚年之时，贪图享受，给奸佞以可乘之机，酿成巨祸。不但自己受辱身死，齐国也陷入长期动荡不安。生于忧患，死于安乐，诚不我欺！

最佳自辩榜单 >

姜小白

× × 年

我总是心太软。

6 喜欢 3 评论

管仲

道理很简单，易牙连自己的儿子都不爱，怎么会爱别人呢！

竖刁

我们做高官也是付出了代价的。

易牙

是啊，我也一样！

假如古代帝王有独白……

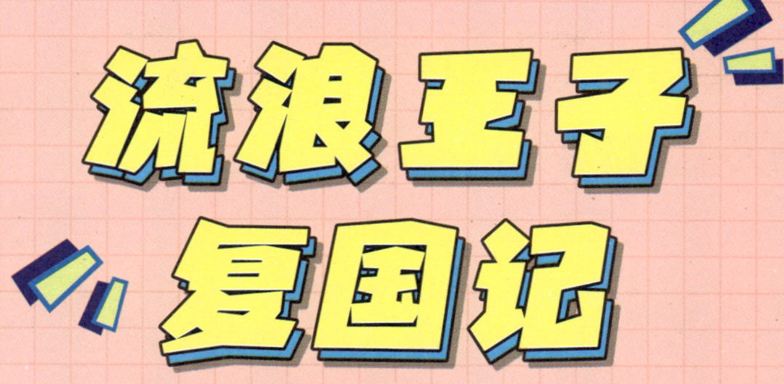

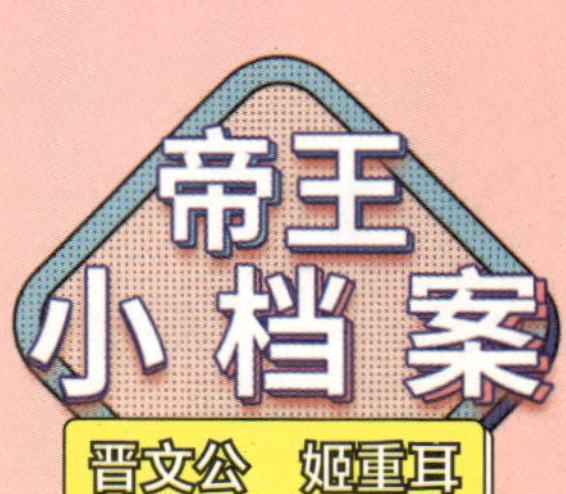

姓　　名：姬重耳
庙　　号：无
生　　卒：约前 697 一前 628 年
出 生 地：今山西省临汾市
民族族群：华夏族
职　　位：晋国的第 22 任君主

进入会场

姬重耳

自辩榜 005 名 >

更多直播间 >

今天要讨论的人物是春秋时期第二位霸主——晋文公。他拥有一个不同寻常的人生，也遭受了一定的非议。历史的真相如何，且听本尊一吐为快！

参加此次大会的还有骊姬、里克、晋惠公、齐姜、狐偃、赵衰、秦穆公、介子推。

历史太好玩了 1

骊　姬：春秋时期晋献公的妃子

里　克：春秋时期晋国卿大夫

晋惠公：春秋时期晋国第 20 任君主

齐　姜：晋文公夫人

狐　偃：辅佐晋文公称霸的五贤士之一

赵　衰：辅佐晋文公称霸的五贤士之一

秦穆公：春秋时期政治家、秦国第 9 任国君

介子推：春秋时期晋国大臣，曾割股奉君

姬重耳

大家好，我叫姬重耳，是晋国的第22任君主。我本是晋国的公子，原本没有资格当君主。我也没有当君主的野心。但突然祸从天降，公子也当不成了。这话还得从我父亲晋献公说起。我父亲耄耋之年娶了异族女子骊姬，生下了我老弟奚齐。骊姬为了能让奚齐当上国君，先是设计害死了太子申生，接着又打起了我跟另一位弟弟夷吾的主意。我父亲老而昏聩，根本禁不住骊姬的蛊惑，要对我跟夷吾下手。无奈之下，夷吾逃亡梁国，我则逃向了翟国。我还清楚地记得，我逃跑的时候，城池已被公使勃鞮包围，不得已我越墙而出，勃鞮追上来，一刀砍断我的衣袖。

骊姬

幸亏你跑得快，要不然我让你好看！连申生当了这么多年的太子，我都能收拾了，何况你们几个公子？不过现在想想，重耳你还得感谢我呢！

姬重耳

我感谢你，感谢你没杀死我？

骊姬

是啊，感谢我没有赶尽杀绝啊，让你十几年后还能翻盘，难道不是吗？

里克

那您更应该感谢我。是我把这帮祸乱晋国的人给收拾了。我发动政变，先把奚齐杀死，然后又把骊姬处死。我让人接您回国当君主，可是您拒绝了。没办法，我只好迎立了夷吾，就是晋惠公。您可别怪我，这也是没办法的办法，要是您肯回来，我一定是拥护您的！

骊姬

里克，我就这么招你恨吗？活活把我鞭打致死，有你这么残忍的人吗？

里克

你差点儿给晋国带来灭顶之灾，我惩罚你难道不对吗？

姬重耳

唉，我当时在翟国已经娶妻生子，日子总算平稳下来，不想再蹚晋国的浑水。可是夷吾同样不愿意看到我活着，派出刺客到翟国刺杀我。此时，我已在翟国居住了十二年，早已淡忘了前尘往事，就想着能够平平安安地度完此生。但夷吾是绝不会放过我的。我就是他背上的芒刺，如果不去除，他就会食不甘味，寝不安席。没办法，我只有选择再次逃亡。

晋惠公

哥哥，你不用不平衡。只要你还活着，我这君位就坐不踏实。这叫“卧榻之侧，岂容他人鼾睡”，你要理解。你将来不也是要杀死晋怀公吗？事出同理，你也不要老是抱怨。怪就怪我派去的人不行，不能完成使命，否则春秋时期第二位霸主就会是我了！

姬重耳

弟弟，还是那句话，不是你的刺客不行，而是我的腿脚快。我听到信儿，立刻就出逃了。等你的刺客到达翟国的时候，我已经在去卫国的路上了。我的流亡生涯又开始了。有人说，流亡生涯磨炼了我的意志。我想说，这样的磨炼你愿不愿意试试？一路上吃不好、穿不好，不受人待见，尝尽世态炎凉……天下之大、天下之奇，我都一一领教过了。我想说，我恨透了流亡生涯，谁要反驳，我跟谁急！

狐偃

您也不错了，还有我们几个跟着呢。

姬重耳

是啊，没有你们几个，我也早就死了。我先是来到卫国。卫国国君看不起我，连口吃的都不肯给，可恶的卫人甚至送给我一些土块吃，差点儿把我气死。要不是赵衰劝我，我就把土块扬回去了。到了齐国，当时齐桓公还在位，他不但厚待了我，还把少女齐姜嫁给了我。我终于不用风餐露宿了，还有了美女的陪伴。我当时想，要是能这么活下去，也未尝不是一种美好的人生。可惜，齐桓公不久死于内乱。齐孝公即位后，不怎么待见我了。齐姜是个很励志的女子。她认为我不该在齐国沉沦下去，劝我离开，可我厌恶了担惊受怕的流亡生活，说啥也不肯走。

齐姜

大丈夫生于天地间，就应该成就一番伟业，怎么能沉迷于享受呢？齐桓公难道不是前车之鉴吗？况且你还有一帮追随者呢，他们把你视为自己生命的全部，如果你不想办法报答他们，反而贪恋齐国享乐的生活，对得起他们吗？

姬重耳

连你都这么想，我还能说什么？！只能说我命苦，天生的流浪命。齐姜跟赵衰他们商量后把我灌醉，然后装上车，送往宋国。

赵衰

灌醉您是我的主意，虽然有些不尊重您，但这也是没有办法的办法。眼见您在齐国沉沦下去，我不能不管啊。说实话，我们抛家舍业、不顾性命地跟您逃亡，为的就是将来有一天能够杀回晋国，把我们失去的夺回来！

姬重耳

途经曹国时，其君曹共公听说我是天生的骈肋——肋骨之间没缝，就想一睹为快。这个无礼的要求，真是把我气坏了。想看也行，好吃好喝好招待，拿出诚意来。不想却给我们喝野菜粥，安排我们住低等驿馆。最可恨的是，晚上我洗澡的时候，这个无礼的家伙竟然带人来偷窥我。本来我也不知道，不知是谁沉不住气，说了一句：“噢，肋骨间真的没缝啊！”气得我差点儿把那个人从窗外薅进来按到水里溺死。我想着赶紧离开这个荒谬的国家算了，省得夜长梦多。到了宋国，正赶上倒霉的宋襄公打了败仗。他负伤在床，但他仍然大方地送给我二十辆马车作为见面礼。后来我们到了“势利”的郑国。郑文公是个十足的小人、墙头草，谁的拳头硬，他就听谁的。他看见我孤苦无依，就不对我正眼相看，连城门都没让我入。气得我牙根直痒痒，我发誓有朝一日一定要征服郑国。

狐偃

人情冷暖，世态炎凉。这些人性的东西只有逃亡在外的人才有机会深刻地体味。要说这些东西不好吧，却能在无形中磨炼你；要说这些东西好吧，却实实在在让人心寒。人要是总想着这些人性之恶，就会变得阴暗。不也有好的时候吗？介子推不就是好的一面吗？

介子推

我有什么好说的？

姬重耳

你是好样的，我一辈子都忘不了你，要不是你割自己的肉给我吃，我兴许早就饿死在路上了，最后还怎么回国啊！

介子推

我割自己的肉给您吃，可没想着您将来能报答我，那样的话，我只能是死了算了！

姬重耳

我一路流亡，最怕“死”字。为了活下去，我来到了楚国。楚成王真够意思，按诸侯礼节接待了我。我当时可能是因为喝了点儿小酒，就承诺将来我复国成功，一旦晋楚交兵，我一定会退避三舍。楚成王非常高兴，让我在楚国住了好几个月。要不是秦穆公派人来请我，我还真想留在楚国呢。

秦穆公

当时发生了一段插曲。晋惠公病重，在秦国当人质的公子圉偷偷潜回晋国，连个招呼都没跟我打。我对他可是下了本钱的，希望他当国君之后，能够报答秦国。谁知道这小子是个白眼儿狼。我只好重新物色一个政治朋友。最后我选择了重耳这个流浪公子。

姬重耳

您绝对够意思。到了秦国，您一下子让我娶了五名宗室女子，还把原来属于公子圉的妻子怀嬴也嫁给我。我本来不想要，但想到成大事者不拘小节，就接受了。秦穆公看我接受了怀嬴，非常高兴，认定我这个人是靠谱的。

赵衰

我记得，我当时还吟了一首《黍苗》诗，以表达对秦穆公的仰仗之情。

秦穆公

晋国真是太乱了。公子圉即位后，是为晋怀公。他跟他父亲一样，一心要除掉重耳。他下令凡是从晋国出逃的人在一定期限内必须回国，否则就杀光他的全家。他召流亡团队里的狐偃回国，狐偃不肯。他就把狐偃的父亲狐突给杀了。狐偃是重耳的亲舅舅，狐突是重耳的亲外公。这一下子激怒了重耳，他发誓要回到晋国，杀死晋怀公。我派人到晋国去打探消息，得知晋怀公不得人心，晋国百姓都希望重耳能回国掌权。我看时机差不多了，就派遣几个将军连同许多兵士，护送重耳归国。

姬重耳

归国之路也是危险重重啊。晋怀公得知秦国出兵护送我，也陈兵边界，说是迎接我。还好晋国军队的统帅跟我很熟。我给他们写了一封信，就把他们招降了。秦晋两国的军队兵合一处，共同对付晋怀公。晋怀公一看大事不妙，想溜之大吉。我岂能让这个祸根跑了，不惜代价我也要为我的外公、为我十九年的流亡生涯报仇，于是就派遣军队撵上晋怀公，把他处死。

赵衰

可喜可贺啊，您终于复国成功，成为晋国的新国君。我们这些跟着您一起流亡的人总算可以稳定下来，享受一下命运的补偿了。

介子推

赵衰，你这不是变相邀功吗？与你同殿为臣，真是我的耻辱！

姬重耳

要说我复国后，办的最后悔的一件事，就是犒赏功臣的时候，把曾经割自己的肉给我吃的介子推给忘了。

介子推

君上，不是您忘记了，而是我逃跑了。我背着老母躲进了绵山，发誓不出来做官。因为我不愿意跟赵衰这样的人为伍，也不愿意吃一辈子流亡那些年的功劳。我想过清静的生活，隐居老死。

姬重耳

也是我一时性急，认为你隐居是不给我面子，拿我的封赏不当回事，心里根本没我。一气之下，我就派兵火烧绵山，把你们娘儿俩活活烧死了。这件事一直是我心里的一道疤，我对不起你，我辜负了你当初的一片忠心！

介子推

事情都过去了，是我不想做官，不赖君上。我虽然没当上官，可不是还有个专门为了纪念我而设立的“寒食节”吗？我不冤屈！

晋文公逃亡十九年而最终复国，可谓一路艰辛，九死一生。可是最终还是坚持下来，成就了一番伟业。他复国后，襄助周王室平乱，与楚国争霸，举行“践土之盟”，建立了可供后世讴歌的功业，可算得上是一代明主。

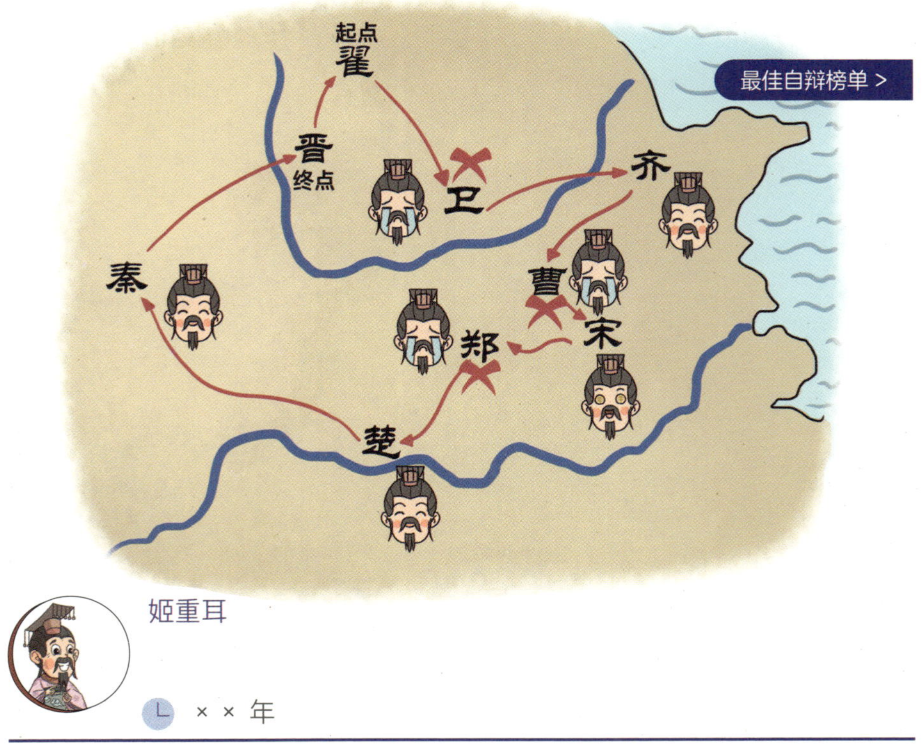

姬重耳

× × 年

我逃跑的时候，城池已被公使勃鞮包围，不得已我越墙而出。

6 喜欢 3 评论

骊姬

幸亏你跑得快，要不然我让你好看！

里克

你跑什么？

晋惠公

哥哥，你还活着？

假如古代帝王有独白……

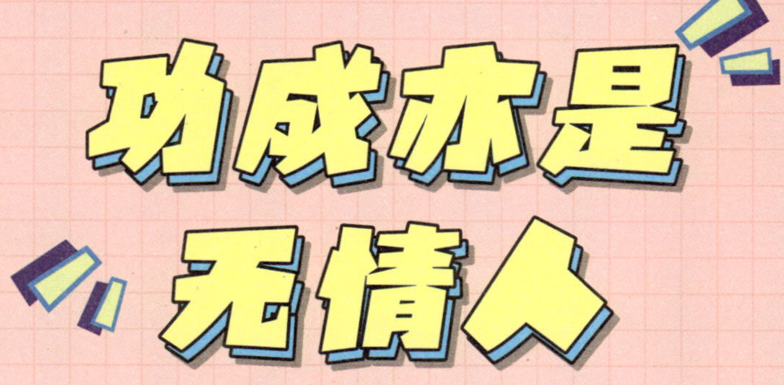

姓　　名：姒鸠浅（勾践）
庙　　号：无
生　　卒：约前 520 —前 464 年
出 生 地：今浙江省绍兴市
民族族群：百越族
职　　位：春秋末年越国国君

进入会场

请给我一次澄清的机会！

人生如白驹过隙，胜败又何足论！

弱国哪有外交？你们倒是给我一个开口的机会……

历史都是由胜利者书写！

最美礼物已上线。

勾践

自辩榜 006 名 >

更多直播间 >

今天请来的嘉宾是春秋时期越王勾践。关于他历史上评价不一。有的认为他卧薪尝胆，最后复仇成功，是个大有作为的君主；有的认为他兔死狗烹，是个无情无义的人。孰对孰错，且听本尊一言！

参加此次大会的还有夫差、范蠡、文种、伍子胥、伯嚭、西施。

夫　差：春秋时期吴国君主
范　蠡：春秋时期越国政治家、军事家
文　种：越国勾践的谋臣
伍子胥：春秋时期吴国大夫、军事家
伯　嚭：吴国大夫，谗害伍子胥
西　施：春秋时期越国美女

勾践

大家好，我是勾践，跟大禹一样姓姒。我们越国在当时被视为蛮荒之地，中原诸国都看不上。倒也好，正可躲避中原闹嚷嚷的春秋乱战。可当北方的吴国在阖闾的领导下强势崛起，甚至击败了强大的楚国时，我突然觉得，越国该醒醒了，不能再沉睡下去。我想应该主动出击吴国，而非被动挨打。我先下手为强，发动了对吴的战争。刚开始吴国确实不好对付，我军且战且退，最后退到槜（zuì）李。我突然想到一计，就下令让我军停止撤退。我命令手下的死士向吴军发起挑战，排成三行，行到吴军阵前，大声喊叫然后自刎。吴军果然被这场自刎大戏所吸引，士气受到打击。我趁机指挥越军冲杀，把吴军打了个落花流水，就连不可一世的吴王阖闾的大脚趾都被我军斩下。没想到这个老家伙回到吴国就死翘翘了。

夫差

好可恨啊！我永远忘不了父亲临死时对我说的话：“为我报仇！”即位后，我让人每天定时定点在耳边喊：“夫差，难道你忘了杀父之仇了吗！”我则回答：“不敢忘！”我就不明白了，为什么世人都对勾践的“卧薪尝胆”赞赏不止，却对我的复仇之志视而不见。

伍子胥

那是因为你最终被勾践打败了，历史都是胜利者书写的。你的复仇之志也很强大，可惜你未能始终如一，悲哀！

勾践

我取得槜李之胜后，简直把吴国看扁了，认为吴国也不过如此，就想着一鼓作气把吴国给灭了，但是范蠡不同意。

范蠡

我肯定不同意啊，同意了就成“为人谋而不忠”了。只有傻子才看不出来吴越之间的差距，那是相当大！吴国虽然吃了一次小败仗，可是根本没有伤及筋骨元气。越国主动出击，无异于以卵击石，因此我极力反对乘胜攻吴。

勾践

可惜我听不进去。范蠡是位大贤，精通官、商、战、道，见识深远，他的话我怎能置若罔闻呢？也是该我遭此劫难。

夫差

听说你要攻打吴国，可把我高兴坏了！我正想找碴儿打你呢，好给父亲报仇雪恨，没想到你倒送上门来。

伍子胥

勾践太自不量力，夫差责成我组织兵力抵抗越军，我的谋略难道是吹的吗？两军在太湖展开大战，吴军上下同仇敌忾，把越军打了个稀里哗啦。我一看勾践也太不禁打了，索性就带领大军撵着越军，直捣越国都城会稽，把勾践小子围困在会稽山上。

勾践

惨啊，我被困高山，内无粮草，外无救兵，眼瞅着就要国破家亡。我当时就傻了。范蠡劝我，卑辞厚礼投降。我无可奈何，只好如此，派文种到吴国去请和。

文种

弱国哪有外交？我到了吴国，见了夫差，还没等我把话说完呢，就被夫差回绝了。

夫差

我难道不知道你来的目的吗？我一心要替父报仇，怎么可能饶恕勾践？

伍子胥

我是绝对不同意讲和的，一定要抓住勾践，杀死这个狼子野心的小人！这是老天赐给吴国的机会，不可错过。

勾践

当时我想着不如战死算了，如果臣服吴国，我就是不死也

得受尽屈辱，我这小脾气怎么受得了？与其受辱而死，还不如战死呢。可是文种告诉我，吴国并非铁板一块。吴国执政的太宰伯嚭跟外来户伍子胥不和睦，越国可以利用一下。

文种

伯嚭这个人爱财，又是吴国的元老和掌权派，说动他，越国的围困就解了。多亏了越国的财宝，这老贼才动了心。

伯嚭

越国要是不给老夫动点儿真格的，我怎么知道你们是不是真心投降呢？

文种

我记得伯嚭跟伍子胥在朝堂上吵吵起来。伯嚭认为越国投降对吴国有好处；伍子胥却认为越国不灭，日后让勾践翻了身，对吴国将会大大不利。夫差两边都不得罪，既没有灭掉越国，也没有放过勾践——他让勾践入吴为奴。

夫差

勾践入吴后，我想怎么处理他还不是我一念之间的事？越国不就成了我的玩物了吗！

勾践

为了保存越国，我只能入吴为奴。在吴国，我的处境真应了我的名字——够贱（勾践），只要能活命，怎么贱怎么来。夫差让我们给阖闾守墓，我们二话不说就答应了。我睡马棚，当马夫，拉马车，受尽了嘲弄和侮辱，要不是范蠡时时鼓励我，我早就横刀自杀了。有一次，夫差病了，一直不好。范蠡听说后，就让我借机讨好夫差。我一咬牙一狠心，竟然去尝夫差的粪便，以表忠心。好在终于换来夫差的放心，认为我不足为惧，再加上伯嚭从旁劝解，文种也不断地活动，最终夫差决定放我们回国。

文种

夫差喜欢什么，我就往吴国送什么，倾越国所有。只要能换来夫差对勾践的放心和善待，一切都是值得的。

勾践

我回国后，发誓要报复吴国。我的励志故事都老掉牙了：“卧薪尝胆”。我不惜如此自虐，就是为了报仇。我还采取了“十年生聚，十年教训”的策略，使得越国的人口大为增长，国力大为增强。文种大夫还提出“灭吴七策”，让吴国和夫差在挥霍享乐中日益放松警惕。

西施

我就是这个时候被越国选中送给夫差当礼物的。我的任务就是施展美人计，让夫差沉迷于我，丧失斗志。

夫差

我现在终于明白了，为什么勾践动不动就来进贡，进献能工巧匠和美女珍宝，原来是想让我涣散斗志，消耗吴国的国力。早知道这样，我就不上这个当了。伍子胥也不止一次地劝过我，可我就是听不进去。真是的……

勾践

君子报仇，二十年不晚。机会终于被我等到了。夫差带领着吴国军队跑到中原去争霸，这对我来说可是天赐良机。我秘密组织军队，起兵伐吴。

夫差

我还在中原一带耀武扬威呢，好家伙！后路就被勾践这小子断了。

勾践

岂止断你后路？我还要穷追猛打，让你精锐尽丧。越国一举而成为春秋一霸。

夫差

我败了，倒也无所谓，人生如白驹过隙，胜败又何足论！只是你怎么对待你的功臣，让人实在寒心，就连我这个败国之君都感到不齿。

范蠡

这里我要澄清一下，我是自己走的。我朝夕跟勾践相处，深知这个人可共患难不可共富贵，因此我选择功成身退，做一个闲云野鹤。

文种

唉！范蠡走前，曾写信给我，说："勾践为人长颈鸟喙，可与共患难，不可与共乐，子何不去？"可惜，我当时心不灵眼不明，还想着勾践能够犒赏我这个功臣呢！谁想果如范蠡所说，狡兔死，走狗烹！

勾践

你还有脸说这话！你居功自傲，竟然消极怠工不上朝，让我难堪，真是岂有此理！我岂能容你如此藐视我？只好赐你死罪！

文种

可怜我的“灭吴七策”！

勾践称霸后，逼走范蠡，赐死文种，连一点儿人情味都没有，越国虽然称霸，但昙花一现之后，便走入长期的衰亡之路。这跟勾践没有好的人才政策有很大的关系。

小剧场
君子报仇，
十年不晚。
那个味儿啊，
别提多恶心了。

假如古代帝王有独白……

为求正法舍知己

姓　　名：嬴驷
庙　　号：无
生　　卒：前 356 —前 311 年
出 生 地：今陕西省西安市阎良区武屯镇
民族族群：华夏族
职　　位：战国时期秦国君主

进入会场

赢驷

自辩榜 007 名 >

更多直播间 >

今天请到的嘉宾是秦惠文王赢驷。他在位二十七年，使秦国进一步强大，为日后的秦国统一六国打下了坚实的基础。可是他一上台就杀了于秦国有大功的商鞅，成为他一生难以抹去的污点。是也？非也？且听本尊一言！

参加此次大会的还有秦孝公、商鞅、芈八子、张仪、公孙衍、魏惠王。

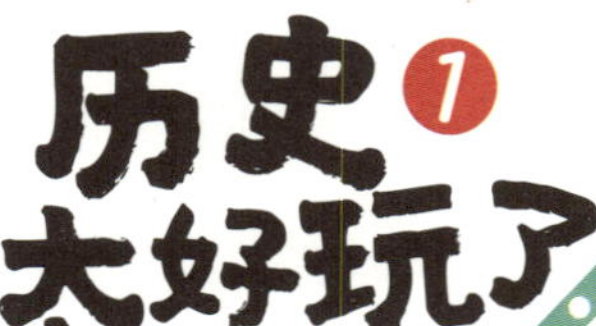

秦孝公：秦国第 25 任国君
商　鞅：先秦法家代表人物
芈八子：秦惠文王之妾，秦昭王的母亲
张　仪：战国时期著名的纵横家
公孙衍：战国时期著名的纵横家
魏惠王：战国时期魏国第 3 任君主

嬴驷

大家好，我是嬴驷，秦国第26任君主。我的父亲就是以任用商鞅变法而名著史册的秦孝公。平心而论，商鞅对大秦是有巨大功勋的，说句负责任的话，秦国之所以会在嬴政那个小子手里实现对六国的统一，商鞅的夯基作用不容小觑，是他一步一步让秦国强大起来，拥有了东出函谷关的资本，要不然还不知道秦国哪辈子才能到山东去耀武扬威呢？对了，我所说的“山东”，并非今天的山东省，而是崤山以东地区，比山东省可大多了。后世对我车裂商鞅争议很大，这在我杀商鞅的时候，我就预料到了。但我做事，向来不怕别人议论。

秦孝公

驷儿，这点你就随我了！我也是这个劲儿，想好了就干，绝不听别人嚼舌根子。人与人的见识不同，格局有差，我能看到的，别人未必能看到。就拿商鞅变法来说吧，我当初是铁了心要变法的，就算没有商鞅，也会有下鞅、前鞅、后鞅，总之变法在当时势在必行。商鞅入秦，君臣际会，使我如鱼得水，那是顺应潮流的事。那个时候啊，诸国都时兴变法。可是你小子作为储君，偏偏逆势而为，顶风作案。商鞅执法如山，惩罚了你大伯嬴虔和你的老师公孙贾，却放了你一马，只是流放了你。没想到你小子还记恨在心，刚即位就把商鞅给处死了。呜呜呜——

商鞅

君上是在哭我吗？要是的话，那可哭错了。当时，我逃到边界，要住店的时候，店家管我要身份证明，我仓促之间没带在身上，他们竟然不让我住进去。我换了七八个地方，都不让住，我就知道我的“法”还在秦国施行着。“法”没有因人而废，我死了也值。

嬴驷

您能这么想，我多少也能宽慰了。

商鞅

嬴驷，你是好样的。还记得我们最后一次晤谈吗？我知道我已是必死无疑，因为我不死，你君位坐不稳；我不死，那些守旧派就会伺机捣乱；我不死，就会束缚你大展宏图的手脚。这些我都知道。死算什么，我不怕。

嬴驷

那些守旧派非得让我杀死你，我不杀你，国家就会动荡不安，那些积累了二十年的怨气就无处发泄。我杀了你，守旧派消停了，内政安定了，我就可以腾出手来，跟东方六国争雄。但是，我杀死你的前提，正如我们晤谈时我所表达的，你呕心沥血所制定的秦国法制，一定不会随着你的死去而被废除，相反会被更加严格地施行，如同你在世时一样。

商鞅

因此，我在被行刑的时候，脸上犹带着笑容。我知道，我的身体虽然分裂了，可我的意志，甚至是灵魂，仍然在秦国屹立。我所制定的法制仍然是秦国富强的不二路径，我心甚慰。后世认为我内心里一定恨死你了，其实是大错特错了。我把你看作知己。这是心里话。

嬴驷

这样的知己也算是千载难逢了。不过，你能把我看作知己，我就要把你的“法”贯彻始终，这叫酬谢知己。拜你所赐，秦国日益富强，我也敢带着军队到山东去转悠一下。商鞅啊，我还告诉你一个好消息，魏国全部的河西之地，还有其他很多地盘，都成了秦国的领土。这都是“大良造”公孙衍的杰作。是不是可以告慰你的在天之灵了？

公孙衍

魏国这么多年来，不过是在吃老本。我当初去报效魏王，他把嘴一咧，根本瞧不上我。我一气之下来到秦国，受到秦王的重用，加上秦国士卒士气高昂，战斗力棒棒的，对付魏国早就不在话下了，我不过是捡了个大便宜。

魏惠王

老小子，信不信我派人把你家祖坟给刨了！

公孙衍

要不是后来秦国来了个张仪，谁刨谁的祖坟还不一定呢！

嬴驷

说起张仪，我真的有一肚子话要说。如果说商鞅是我的知己的话，那也是前生的知己，张仪却是我今生的知己。我见到张仪的时候，有一种感觉，就是当初孝公与商鞅晤谈时的那种感觉。我的第六感告诉我，张仪是老天派来辅佐我的。如果是男女之间的感情，那一定叫一见倾心。我有一种冲动，要对张仪言听计从。他可是我秦国的大贵人。

张仪

君上，您过誉了。我这一肚子纵横家的才学，要卖给懂它的人，您恰恰就是这个人！

公孙衍

张仪到了，我就该走了。其实我俩是一路人，都是纵横家。不过从此以后，有他没我，有我没他。我这个人在骨子里是嫉妒他的。凭什么他一来，君上就把我降到不重要的位置上？

张仪

公孙兄，其实咱们可以一起辅佐君上啊！

公孙衍

算了，我就不凑热闹了。山东六国舞台广阔。只是一样，今后你若连横，我必合纵。看看到底是谁更高明。

嬴驷

这又何必嘛！这个公孙衍后来果然搞了一次五国合纵伐秦，由他亲自带队，气势汹汹地来到函谷关，要灭了秦国。多亏张仪施展连横战略，很快把合纵联盟瓦解了。接着，我又跑到山东去相王。我会见了魏惠王那个老古董，以前他看不起秦国，结果那天他把鼻子都气歪了，脸上那股子酸劲儿简直笑死我了。

魏惠王

当了几十年的君王，你爷爷在的时候我就是魏王，你父亲在的时候我也是魏王，轮到你了我还是魏王，从来都是秦国对魏国低声下气，哪见过魏国对秦国低声下气？唉，形势比人强，当我称你一声“秦王”的时候，我想起我大魏曾经的荣光，心里别提多懊恼了。但是有什么办法呢，只盼着秦国以后少攻打几次魏国。

嬴驷

你想多了，秦国不打魏国，那就不合道理了。你展开地图看看，我大秦的铁骑只要东出，首先冲击的就是你魏国。我想出就出、想入就入，视魏国如空气！

芈八子

君上要保重身体，昨夜睡梦里你又破口大骂了。

嬴驷

有吗？看来我要好好保养了。

秦惠文王继承商鞅遗志，起用张仪为相，东出函谷，西平巴蜀，北伐义渠，南下商於，为秦国开拓疆土，真是一代雄主！可惜四十几岁，罹患精神疾病而终，惜哉！

嬴驷

× × 年

如果说商鞅是我的知己的话，那也是前生的知己，张仪却是我今生的知己。

 6 喜欢 2 评论

张仪

君上，您过誉了。

商鞅

我心甚慰。我把你看作知己，这是心里话。

假如古代帝王有独白……

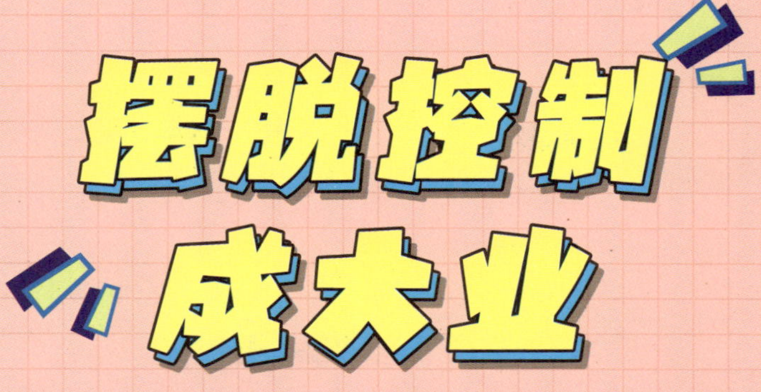

姓　　名：	嬴稷
庙　　号：	无
生　　卒：	前 325 一前 251 年
出 生 地：	今陕西省咸阳市
民族族群：	华夏族
职　　位：	战国时期秦国国君

进入会场

嬴稷

自辩榜 008 名 >

更多直播间 >

即将登场的“大咖”是秦昭襄王。他在位五十六年，而其母宣太后垂帘听政竟长达四十多年，有人说他的功勋都是他母亲建立的。真相如何，且听本尊一吐为快！

参加此次大会的还有宣太后、秦武王、魏冉、范雎、白起、周赧王。

历史① 太好玩了

宣太后：芈八子，楚国人，秦昭襄王的母亲

秦武王：秦国第 27 任国君

魏　冉：战国时期秦国重臣

范　雎：战国时期政治家、纵横家，秦国宰相

白　起：战国时期秦国军事家

周赧王：周朝第 37 任君主

嬴稷

大家好，我就是嬴稷，秦国第 28 任君主。我的母亲就是宣太后，我老哥就是因“举鼎绝膑”而亡的秦武王，只在君位上干了四年。当时我还在燕国当人质呢。

秦武王

弟弟，非得哪壶不开提哪壶吗？我当时见到周王室的龙文赤鼎十分兴奋，就想跟大力士孟说比力气大小，不想当场胫骨折断，气绝而亡。不是这样，秦国哪有你小子什么事！

嬴稷

哥哥你一死，我母亲要立公子芇为君，惠文后想立公子壮，两边争得不可开交。可她们终究还是争不过外部强国的施压。当时，赵国经过赵武灵王“胡服骑射”改革，蔚然强大，成为能压制秦国的强国，对秦国的内政影响非常大。赵武灵王希望我回国继位，否则就要跟秦国兵戎相见。没办法，我母亲也只得改变立场，派舅舅魏冉去燕国接我。

魏冉

公子芇和你都是我的亲外甥，迎立哪个我都是将来的功臣，当然这事儿还得听我老姐的。

宣太后

大家好，说“宣太后”你们可能不熟悉，但说“芈八子”你们就非常熟悉了，是不是？当时我确实没有选择稷儿，为啥呢？第一，他远在燕国当人质，鞭长莫及；第二，他年纪太小，回国继位变数太多。因此我就把他淘汰了。没想到赵武灵王却看中了他，可能是看他年纪小好控制。当时赵国强大，秦国不敢得罪。后来我想明白了，立谁不重要，立我的儿子才重要！

嬴稷

我回国即位的时候还不到二十岁，国事都交给母亲和舅舅魏冉打理。

宣太后

我把秦国治理得井井有条，不比惠文王的时候差。

魏冉

我也是，兢兢业业，不敢荒疏国政。我秉承秦国历代国君制定的政策，继续向东开拓，攻打魏国，逼迫魏国割地求和。我还大胆起用“战神”白起，攻韩伐魏，助赵伐齐，立下赫赫战功，确保我这小外甥儿坐稳君位。

我心里对这位舅舅还是心存感激的，要是他后来能够收敛一点儿，我兴许会放他一马。随着我年龄渐长，我的自尊心也随之变强。我作为一国之君，凡事都是母亲和舅舅说了算，传出去多丢人啊！就算天下人不敢当面笑话我，但背地里肯定说了不少黑我的话。更要命的是，他们尝到了权势的甜头，越发地知道如何利用了，让我这个堂堂的君主情何以堪！

宣太后

傻小子，我这么做还不都是为了你好吗？你年纪轻轻，秦国的事要不是我跟你舅舅替你做主，你怎么处置得了！就拿外交来说吧，义渠几辈子以来都是秦国的大患，如芒在背。要不是我做出重大牺牲，引诱义渠王入秦，然后把他杀死，大秦的军队能那么轻松地就拿下义渠全境，还设置了陇西、北地、上郡三郡？这可都是我的功劳，毫不逊色于惠文王时征服巴蜀的司马错。

嬴稷

我知道母亲你厉害，可是你也太恋栈了。见好就收就得了呗，还非得等我出手啊？你的光芒罩住了我这颗冉冉上升的新星。我回国的时候年纪小，但我永远都年纪小吗？我都长大成人了，你还不该还政于我吗？我不是个没脑子的人，我也有满腔的政治情怀和抱负，我也想像父亲那样建立一番丰功伟业。

我自觉并不比父亲和哥哥差，我亟待有一片可以挥洒驰骋的天地。可你跟舅舅为啥迟迟不愿把这片天地还给我呢？难道你们没听过那句话：秦国只知有“四贵”，不知有秦王？大秦还是我嬴氏的大秦吗？

范雎

这个话题我最有发言权了。我当时就是靠这句话智激君上的。

嬴稷

当时我急于摆脱母亲和舅舅的控制，求贤若渴。我还记得先生当初入秦的时候，我是下跪了五次才换来您的尽心辅佐。我得先生，如孝公之得商鞅，惠文王之得张仪。就像一只小鸟，获得了铁一般的羽翼还能飞呢，正可以展翅翱翔了。

范雎

没有君上的信任和支持，我的“远交近攻”之策也无法施行。

白起

没有先生，也没有战国史上影响最深的长平一战的胜利。长平之战，一举打败了强大的赵国，为秦国日后统一大道扫平了最硬的那块绊脚石。

范雎

这一切都要归功于君上的雄心壮志。君上遇到我的时候，正是人生最苦恼的时候。他想一展身手，却处处遭到太后和魏冉的掣肘，面临同样困惑的也有我。我想在秦国站稳脚跟，施展我的才华抱负，不摆脱太后和魏冉的影响可不行，但他们经营多年，根深蒂固，是需要花费好一番心思和气力才能摆平的。我只能采取激将法，找个合适的机会把那句广为流传的话，当面说给君上听。君上震怒！我就知道事情成了八九分了。

嬴稷

是范雎让我痛下决心，清算太后和魏冉对我的影响。我先是废掉太后，把“四贵”——穰侯魏冉、泾阳君公子芾、华阳君芈戎、高陵君公子悝驱逐出国都，然后任命范雎为相国。我当时记得，魏冉离开国都的时候，装载东西的车子有一千多辆，珍宝比朝廷都多。这都是四十年来，他们操持国政的无耻见证，简直把我气疯了。

宣太后

唉，权势忌满。这个时候就不念我们当初的功劳了？

魏冉

老姐，咱们没被杀掉已然是不错了，还要啥功劳啊！

剩下的时间就看我的了。我要让天下人看看，我是个大有作为的君主。在范雎的辅佐下，我继续向东扩张，不断攻打韩、赵、魏三国，挡我者死。不信你问问赵孝成王和韩桓惠王就知道了。魏国也最终俯首称臣，沦为附属；对内我也不手软，白起是魏冉一手提拔起来的，他可能对我处理魏冉的事心怀不满，竟然不执行我的命令，还对国家损兵折将加以嘲讽。好吧，我也只有赐死他。还有那个周赧王。我重创山东六国，他看不下去了，拉了一伙队伍，声称要合纵攻秦。我还想找碴儿打仗呢，他倒送上门来了。不好意思，我照单全收，顺便把周王室给灭了！我看山东六国还敢不敢挑衅！

周赧王

老天，我的大周亡了！

摆脱了母亲控制的秦昭襄王也表现不俗，用一句话概括：秦始皇能够最终统一六国，秦昭襄王已经做了很好的榜样，并且扫清了一大半的障碍。

魏国也最终
俯首称臣，
沦为附属。

假如古代帝王有独白……

姓　　名：嬴政
庙　　号：无
生　　卒：前 259 —前 210 年
出 生 地：今河北省邯郸市
民族族群：华夏族
职　　位：中国历史上首位皇帝、杰出的政治家、战略家、改革家

进入会场

谁想听听我的心里话呀……

伤心往事不堪回首。

呵呵，我是一个信守承诺的人。

陛下也是尔等所能污蔑的?

为人蜂准、长目、鸷鸟膺、豺声……

嬴政

自辩榜 009 名 >

更多直播间 >

今天请来的嘉宾是千古一帝——秦始皇。他奋六世之余烈，统一六国，建立中国历史上第一个大一统的封建王朝。可是他的帝国短短十几年就土崩瓦解了，他本人也在一次巡游过程中病发身亡。他究竟患有什么疾病？且听本尊一吐为快！

参加此次大会的还有吕不韦、赵姬、李斯、赵高、胡亥、张良、司马迁、蒙恬。

吕不韦：战国末期秦国丞相
赵　姬：秦始皇的母亲
李　斯：秦朝丞相
赵　高：秦朝的权臣、奸臣
蒙　恬：秦朝时期名将
胡　亥：秦朝第 2 任皇帝
张　良：汉初三杰之一，西汉开国功勋
司马迁：《史记》的作者

嬴政

大家好，我就是嬴政，后世所谓集功勋与骂名于一身的千古一帝。据说，我死后两千多年还在施行我当初制定的政体，不知我是该高兴啊，还是该生气？但是，我今天来的目的是想说说心里话。那些履历和功过被人讲得太多了，我可不想再重复。我要从我的一场病说起。

赵姬

儿啊，你又要说那些伤心的过往了。

嬴政

母亲，童年遭遇对我的影响非常大，这也毋庸回避。我童年的时候，随着在赵国当人质的父亲，流落邯郸，过着担惊受怕的生活。后来父亲回到秦国，留下我跟您继续在赵国逃难。听清楚了，是逃难，而非流浪。流浪虽然吃不饱穿不暖，但毕竟还有自由和阳光。逃难就不一样了，两国交恶，对于我这么一个秦国余孽岂肯轻易放过，终日有人在追杀我们，我们东躲西藏，朝不保夕。好不容易逃回咸阳，我的身体和心理受到了严重的创伤，身体变得孱弱多病，心理上我不会再相信任何人，凡事都要亲力亲为才放心，即便有时候会对人产生信任，也是非常短暂的。

赵姬

儿啊，你受苦了，都怪我没有保护好你。吕不韦这个该死的，竟然不来保护咱娘儿俩。

吕不韦

呃……我当时正在帮助嬴政的父亲运作一件非常重要的事情，要是成了，你们受多少苦都是值得的。

嬴政

你帮助我父亲成功当上秦国的储君。为此你花费了大量的金钱，父亲为了报答你，刚一即位就封你为相国，还封了侯。可惜他老人家也是担惊受怕过来的，没当上几天国君，就去世了。我即位的时候，年纪还很小，多亏了仲父辅佐我。

吕不韦

那都是我应该做的，我当初承诺过你父亲，要把你培养成一个大有作为的君主。

嬴政

你为什么不说实话？我父亲死后，你跟我母亲操持国政，我在你们的眼中，不过是个孩子罢了。长达十年的傀儡生活，也给我的少年时光投下了巨大的阴影，让我洞察了人性之恶。

吕不韦

你是个有雄心抱负的孩子，这点我给忽视了。也怪我不懂得功成身退，以至于后来被你赐死。当我喝下药酒的时候，我的眼前全是我帮助你父亲回国夺取储君之位的往事。我好后悔，他当上了国君，我就应该隐退的……

嬴政

我掌权后，才知道这君主之位简直不是人干的，太难了。我为了统一大业操碎了心，工作极度劳累，甚至一连几天都不得休息。统一六国后，我又统一文字、统一度量衡，上马各种重大工程，塞北修长城，岭南凿灵渠，事无巨细，我都要亲自过问。久而久之，我的身体就吃不消了，患上了严重的哮喘病和癫痫病。刚开始我只当是胃部不适，略微头晕，继而突然会有意识的丧失，伴随着肌肉痉挛。这些浅层次的症状并没有引起我的重视，我认为不过是自己的身体对繁重工作的一种抵抗。为此，我征召各地的方士，让他们献出奇方，或者寻找不死仙药，把解除身体上的病痛寄希望于仙药和长生。

赵姬

我的儿，那些方士都是骗钱的。

嬴政

是啊，仙药和长生之术也未能阻止我病情的恶化，我一怒之下，把骗人的方士，连同一些说话不好听的儒生一起给坑杀了，酿成了被后世唾骂不休的坑儒事件。

李斯

陛下，那绝对是后世儒生对你的污蔑，我可以做证！这些儒生是为了宣扬自己的学说，而故意把你说成那样的。这黑锅咱们可不背！

嬴政

背就背吧，我不在乎别人怎么说我。虚妄的求仙寄托破灭后，我的癫痫病进一步发展，发作时面色青紫、呼吸不畅、瞳孔散大，甚至到了呼吸暂停的严重程度。如果救治不及时，就会全身筋肉痉挛，口吐白沫，不省人事，最严重的时候会危及生命。

司马迁

我创作《史记》的时候，搜集关于你的资料，说你“为人蜂准、长目、鸷鸟膺、豺声，少恩而虎狼心”。翻译过来就是你有像蜂一样的鼻子，细长的眼睛，鸷鸟一般的胸部，声音如豺狼，刻薄少恩，有虎狼之心。照这样的描述，你恐怕早年就落下了哮喘的毛病，或者有气管炎。

嬴政

你写的那本破书里，充斥着对我的污蔑和抹黑。你要是生在我的时代，我得把你折磨一番！上面说的那些都是我身体的毛病。身体的毛病不可能不引起心理的变态，于是我变得多疑、自卑、狂傲、刚愎自用、悲观、偏执……我只是个人，有血有肉、有优点有缺点的鲜活的人，并不是个戴着面具的英雄；我是个生活在压抑和痛苦中的人，而不是个妖魔。很多时候，我的强悍都是虚张声势——我不想把自己虚弱的一面示人，更不想让天下人认为我软弱可欺。

赵高

谁敢这么认为，那他一定是一个傻子。

嬴政

哼，有些人只有在我死后才敢胡作非为。

胡亥

父亲，您说的不是我吧？

嬴政

你小子没这个胆子！我说谁，谁心里有数。

赵高

陛下，我是绝对忠于您的。我知道您的病情，时时刻刻都在考虑一旦您病发后，秦国的车轮应该如何运转。

嬴政

秦朝“二世而亡”，就是你思考的结果？

赵高

那也是意外……

嬴政

我第四次巡游的时候，突然遭遇了一次刺杀，让我的病情和心情受到了双重的打击。当我的车队行进在帝国东部的时候，身后的副车突然遭遇刺客铁锤的袭击，如果这位刺客稍微提前一点儿行动的话，粉碎的恐怕就不是副车而是我本人了。我受到大惊吓，留下了很深的心理阴影。

张良

都怪情报不准，要不然砸碎的就不是副车了！

嬴政

你们这帮不死心的六国遗种，真是可恼至极！非得报仇复

国，难道六国就这么好？

张良

暴秦无道，我的刺杀行动不过是六国报复的开始。

嬴政

好吧，随你们去吧。侥幸躲过那次恐怖袭击后，随后两则谣言开始传遍天下：一块刻着“始皇死而地分”的陨石被发现，以及一位自称在世神仙的老人预言“今年祖龙死”。这两则“预言”很快传遍了秦朝的四隅，搞得人心惶惶。我得知后，也感到恐惧不安。我找来有名的卜者来断吉凶。也是命运使然，这位不靠谱的卜者竟然建议我开始第五次的全国巡游，并声称这次巡游会找到不死仙药，吃了不死药，谣言就会不攻自破。我只能顺势准备第五次全国巡游。

蒙恬

我记得我的弟弟蒙毅也在随行之列。

嬴政

随行的人有胡亥、李斯、蒙毅、赵高等。我虽名为出巡，也不忘公事，在马车上批阅奏章，发布诏令。大驾从咸阳出发，出武关，沿丹水、汉水流域到云梦泽，再沿长江东下直抵会稽。

我登上会稽山，祭祀大禹，并刻石留念。在北上的途中，我重病复发。我担心我突然死掉，国家会陷入混乱，于是就提前写好了给长子扶苏的遗诏：“以兵属蒙恬，与丧会咸阳而葬。”

蒙恬

陛下对我蒙氏的信任，简直是无以复加！

嬴政

赵高负责盖章，他见了这道诏书，顿觉大事不妙。他是胡亥这边的，而且老奸巨猾，他当即决定销毁遗诏，支走了上卿蒙毅——让他返回会稽去祝祷山川，为我祈福。实则是支开蒙毅以防他给他哥哥蒙恬送信。

赵高

我销毁遗诏的时候，始皇帝已经陷入了昏迷。过了一段时间，他突然清醒过来，勉强支撑着站起，似乎有话要说，然后轰然一下子又倒下了，右耳磕到车窗露出的一根钉子上，钉子直接刺入耳中，鲜血从右耳冒出来。没多久，始皇帝就永远闭上了那双雄视天下的眼睛。后世抹黑我，说是我毒死了始皇帝，真是冤死我，给我天大的胆子我也不敢打这样的主意。

嬴政

我倒下的那一刻，五十年的光景在脑海里闪过。这五十年来，我贵为天下第一人，却没睡过一天安稳觉，没过过一天舒心的日子。你说，我这样的人生冤不冤？

我们读史，读到的都是功业，却读不到功业背后的心酸和苦楚。伟大如秦始皇者，他每一天的日子也过得十分艰辛，并没我们想当然的那么安乐。

最佳自辩榜单 >

嬴政

× × 年

在北上的途中，我重病复发。我担心我突然死掉，国家会陷入混乱，于是就提前写好了遗诏。

6 喜欢 2 评论

蒙恬

陛下对我蒙氏的信任，简直是无以复加！

赵高

后世抹黑我，说是我毒死了始皇帝，真是冤死我，给我天大的胆子，我也不敢打这样的主意。

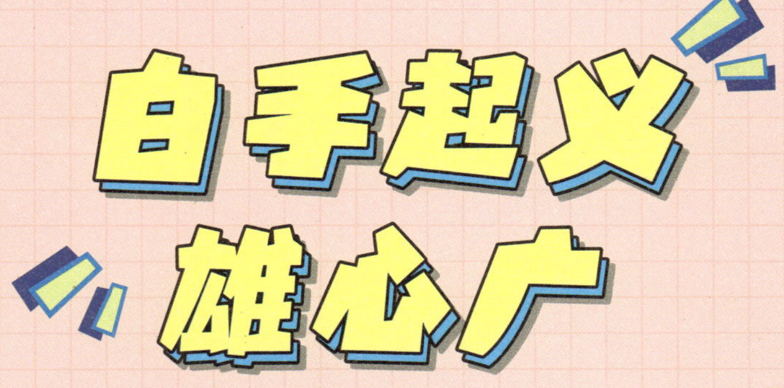

姓　　名：刘邦
庙　　号：汉太祖
生　　卒：前 256 一前 195 年
出 生 地：今江苏省徐州市
民族族群：华夏族
职　　位：汉朝开国皇帝、政治家、战略家、指挥家

进入会场

他……他……竟然……

听说东南有天子气，我那个恨呀！

当初楚汉争战，你做过什么，以为旁人不知吗？

你是当我不存在吗？

嘿嘿嘿，不给自己贴金，别人怎么信服你？

刘邦

自辩榜 010 名 >

更多直播间 >

刘邦称帝后，曾作诗：“大风起兮云飞扬，威加海内兮归故乡！”结果，威加海内的他回到故乡，却还是遭到老乡的吐槽：“你身须姓刘，你妻须姓吕，把你两家儿根脚从头数。你本身做亭长耽几盏酒，你丈人教村学读几卷书……只道刘三，谁肯把你揪捽住，白什么改了姓、更了名，唤作汉高祖。”后世之人说刘邦性格狡诈、不孝父亲、诛杀功臣、企图换储。究竟真相如何，还得听本尊亲自来说。

参加此次大会的还有秦始皇、刘太公、项羽、吕后、戚姬、刘盈、韩信、张良、萧何、沛县老乡。

秦 始 皇：秦朝第 1 任皇帝
刘 太 公：汉高祖刘邦的父亲
项　　羽：西楚的建立者
吕　　后：汉高祖刘邦的妻子
戚　　姬：汉高祖刘邦的宠妃
刘　　盈：刘邦跟吕后的儿子
韩　　信：西汉开国功臣，汉初三杰之一
张　　良：西汉开国功臣，汉初三杰之一
萧　　何：西汉开国功臣，汉初三杰之一
沛县老乡：汉高祖刘邦的同乡

刘邦

后人说我狡诈，不过就是因为那么几件事。第一件就是我在芒砀山斩蛇起义。要怪也要怪始皇帝，那个时候他非得要修陵墓，每个县乡都要派劳工去。我作为亭长，负责护送劳工到骊山营。同去的还有萧何、曹参他们。我们走到芒砀山里，都走得累了，就停下来休整。我仗剑前去探路，结果发现一条白蛇挡住了去路。白蛇绝对是真的，这一点我敢发誓。那天也是我喝了几杯酒，酒壮屄人胆，提剑就把白蛇斩为两截，还出了一身冷汗。我回归本队，惊魂难定。后来又有两个人过去探路，回来就说有个老太太在当路哭泣，说是她的儿子白帝子被赤帝子杀了，哭声惨切。他们这么一说，大家就认为我真的是赤帝子化身。我其实哪里知道什么赤帝白帝的？他们这么说，我乐得这么认。况且我听人说书，古代成大事的人都有些逸闻传说，有人说我是赤帝子，我倒乐得做这个“接盘侠”。

秦始皇

我活着的时候就听说东南有天子气，我恨不得把东南三尺土都翻过来，谁承想你一个小小的亭长竟成事了。

刘邦

陈胜吴广起义可比我先，估计天子之气是被他们搅起来的。

萧何

陛下，你怎么还学会谦虚了？

刘邦

我也是因势而动，趁机把赤帝的说法坐实并发扬光大，当时大家都信这个。我夫人吕雉也深知这一套的好处，现学现卖比我还熟呢。怎么回事呢？当初她跟我儿刘盈、我女儿鲁元公主在田间劳作，遇见一个老头来讨水喝，她就给了他。那老头就给她们母子相了一面，说她将来必大贵，因为她的这双儿女都是大贵之人。她听了，自然大做文章，四处传播，加上斩白帝子的传说，渐渐地，大家就真的相信我们是神明派来的了。

吕后

哼，我记得那老头说，我贵不可言可是因为我的儿女，跟你没半毛钱的关系。

刘盈

当初要不是请来“商山四皓”，估计我也“贵”不起来，肯定会被废掉。

张良

这可是老臣的主意。

刘邦

说起换储，我也是无奈。那个戚姬天天在我耳边嘀咕，说我宠她的时候，一切都好说，可是一旦我死了，吕雉就难保不收拾她。我就问怎么办？她说只有立她所生的赵王如意为太子，才可保她平安。说起赵王如意，在我这么多儿子里面，脾气秉性最像我，因此戚姬这么一说，我也动心了。对不起啊，盈儿，我当时确实是这么想来着，可后来一看“商山四皓”四个老家伙都来给你撑腰，我知道你羽翼已成，也就死了换储之心，只能委屈我的戚姬了。

戚姬

陛下，你知道让我委屈一下的下场吗？

刘邦

怎么了，难道吕雉还真敢欺负你们母子不成？

吕后

哼！我倒也没把你的戚姬怎么着，也就是砍掉双手双脚，然后再扔进窟室里，将她唤作“人彘”！

刘盈

不但如此，她还趁我不在的时候，毒杀了您的宝贝儿子刘如意！

刘邦

我哪里得罪过你吗？你竟然对我心爱之人下此毒手？

吕后

你得罪我还少吗？当初逃难，你为了活命，把我踹下车，你也不想想，要不是我们老吕家出钱出人资助你打天下，你能富有四海？结果你威加海内了，就把我给放到一边，宠那个“人彘”，还要立她的儿子做太子，你当我不存在吗？

刘盈

母亲，早知道您如此心狠手辣，还不如让如意弟弟做天子呢，省得我委屈巴拉地当了几年傀儡。

刘邦

说起你母亲的心狠手辣，我还可以告诉你一些事。后人不是说我心黑手辣、屠戮功臣吗？我可是冤枉得要死。掰着手指头数，我可是少数能够善待功臣的帝王之一。汉初被封侯的功臣多达一百四十三位，除了淮阴侯韩信和阳夏侯陈豨谋反被杀以外，其余都以高爵和富贵善终。有的人会说，那燕王臧荼、梁王彭越、淮南王英布这些人呢？我告诉你们，他们和那些功臣不一样。他们都是割据一方的军阀，根本不是跟我斩蛇起义过来的功臣。这些军阀，除了彭越没有确实的造反证据外，其他人都是实实在在造了反的，造反后被征讨、被擒、被杀，不是很正常的吗？我活着的时候他们都敢如此，要是我死了，我那软弱厚道的盈儿继位，他们还不得反了天？因此在诛杀这些人的事情上，我跟你母亲的意见高度统一，那就是谁威胁了我盈儿的帝位，我们就铲除谁，绝不手软。

吕后

那还用说！你死之后，我大封诸吕，也是为了巩固盈儿的统治。谁承想那些功臣之后，反说我们吕家要对刘氏取而代之，简直是岂有此理！

刘邦

这个我信！充其量也就是你想多干几年，你绝不会把刘氏江山让给姓吕的来坐。那些功臣也都不好惹，动不动就居功自傲，很是麻烦。

韩信

看来我最不受同情。

张良

你还好意思说，当初楚汉争战，你首鼠两端，打算脚踏两只船。后来又心怀不轨，勾结陈豨欲图谋反，你死得当真不冤。

刘邦

关于说我不孝顺，更是无稽之谈。我对老父的孝顺，天日可表。说我不孝顺的，肯定又拿我老父被项羽扣押来说事。当初项羽说要把我老父给烹了，来威胁我投降。我能怎么着？那时候可是生死存亡之秋，我不可能用我三军的性命来换一个人的性命。况且项羽这个人我是了解的，甚至了解到了骨子里。他宁肯这仗不打了，也不会烹我老父。俗话说，慈不掌兵。项羽这个人就是太妇人之仁，因此我根本没把他的话放在心上，而且还将了他一军，让他把我老父做汤的时候，分我一杯羹！朋友们，这是多高的谋略啊！到了你们那儿怎么就成了不孝和狡诈了呢？

刘太公

要是项羽真的烹了我，估计你也真的不在乎！

项羽

刘老伯，我就说这小子根本不在乎您，您当时还不信！我对您这个儿子，有两次不该心软放过，一次就是假意要烹您那次，另一次是在鸿门宴上，我本来能杀他，却让他在我眼皮子底下跑了。这两次事情之后，运气就转到他那儿了。

刘邦

连你唯一的谋士范增都说你“竖子不足与谋”，你还有什

么好说的？你屡战屡胜，我屡战屡败，但最后夺取天下的是我，这不是命吗？

项羽

只恨当初没回到江东，跟你继续战斗！

刘邦

其实，我对老父是很孝顺的。我称帝后，老父被封为太上皇。按理说做了太上皇应该高兴的，可是他终日愁眉苦脸。我那个发愁啊，不知道应该如何是好。我就问他，到底是怎么了，天天这么闷闷不乐的，江山都是咱们的，还有什么办不到的呢？我老父告诉我，他平时就爱喝个酒、斗个鸡，跟那些沛县的老乡聊聊天，那才叫欢乐呢！我一听，这还不好办？我就让人在新丰搞了一个沛县古城，让沛县老乡住过去。从此，老父就满脸笑容。这能说我不孝吗？

沛县老乡

这个我可以做证，儿子做到这个程度，谁要再说他不孝，那天地也不容了。

萧何

那陛下回沛县的时候，你们还不给面子，管他叫刘三？

吕后

是啊，富贵不归故乡，如锦衣夜行。陛下回老家看看，你们怎么也得表示最起码的尊重。当初他当亭长的时候，你们还不敢叫刘三呢，怎么当了皇帝，反而敢了？

沛县老乡

那不是显着亲切嘛！

明小叔点评

刘邦是一代雄主，能够开创一个朝代，自然有常人无法体会的心路历程。所谓后世的评价都是戴着有色眼镜看人，难免给人也着色了。历史人物应当是立体的、丰满的，而不应该非黑即白、非善即恶地脸谱化。走进人物的内心，才能真正了解一位历史人物。

逆子呀，你还在考虑什么，快救我啊！

快投降，不然把你父亲烹了。

假如古代帝王有独白……

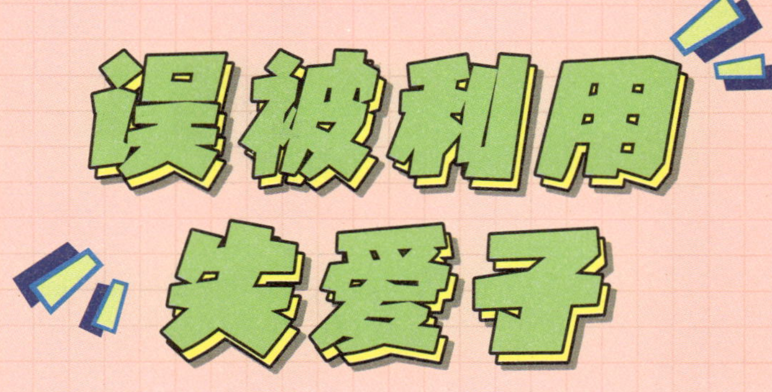

姓　　名：刘彻

庙　　号：汉世宗

生　　卒：前 156 —前 87 年

出 生 地：今陕西省西安市

民族族群：汉族

职　　位：西汉第 7 任皇帝、政治家、战略家、诗人

进入会场

不经意犯的一个错误，悔恨一生。

人生如此，夫复何求?

咳咳……孤注一掷，把卫青集团铲除。

陛下，你听我解释……

我对陛下的心思了如指掌。

刘彻

自辩榜 011 名 >

更多直播间 >

今天请来的嘉宾是和秦始皇并称“秦皇汉武”的汉武帝刘彻。他的事迹可谓家喻户晓，但他都不想谈，他只想谈谈他晚年被人利用的一件事，即“巫蛊大案”。有请嘉宾一吐为快！

参加此次大会的还有卫子夫、卫青、刘据、刘屈牦、李广利、江充。

卫子夫：汉武帝的皇后
卫　青：汉武帝时期将领、外戚
刘　据：卫子夫的儿子
刘屈牦：汉室宗室，丞相
李广利：汉武帝时期大将、外戚
江　充：制造“巫蛊之祸”

刘彻

大家好，我是刘彻。我的丰功伟绩就不用说了，无非是巩固中央集权，开疆拓土，驱逐匈奴。说我好的，认为我有天大的功劳；说我不好的，认为我穷奢极欲，比秦始皇还厉害。算了，吃盐的嘴，爱咋说就咋说吧，我也不在乎。我真正在乎的是我晚年犯下的一个错误，让我痛失了爱子刘据。这件事什么时候想起来，什么时候都是锥心刺骨的痛。这个冤案的罪魁祸首就是丞相刘屈牦。

刘屈牦

给您当丞相可不好当啊，屈指算来，十几个给您当丞相的人，最后都没落到好下场。何况我早年间又没有什么卓著的事迹。

刘彻

我把你从一个小小的涿郡太守提拔为大汉王朝的丞相，你真的不知道为什么吗？

刘屈牦

哦，我明白了！一定是因为我亲家的缘故，我儿子娶了李广利将军的女儿。李广利将军是皇上宠妃李夫人的兄长。

我把女儿嫁到你家，也算跟皇室攀上亲了。你论起来不也是皇上的侄子吗？

刘彻

你这鬼话谁信？你还需要去攀皇亲？你不就是我光明正大的小舅子吗？

刘屈牦

此话不假。李将军的妹子李夫人，那可是陛下最宠爱的妃子。“北方有佳人，绝世而独立，一笑倾人城，再笑倾人国。”这首歌词唱的就是李夫人。她能歌善舞，为陛下最爱。陛下爱屋及乌，李将军自然平步青云。

刘彻

可惜我这妃子红颜薄命，临死的时候，形容憔悴。我去看她，她用被子蒙着头，不让我看。她说她要把美丽的形象留在我的心中，这样我才会永远记住她、怀念她，并嘱咐我要好好关怀她的兄长。

李广利

这个没的说，您绝对重情重义。对我不但关怀，而且倚重。按理说我应当满足，人生如此，夫复何求？可我偏偏鬼迷心窍，

要为我的外甥——李夫人跟皇上的亲生子昌邑王刘髆争取储君之位。

刘屈牦

当时我跟李广利结成利益同盟，想着法儿地把皇后卫子夫、太子刘据和大将军卫青搞垮，然后拥立昌邑王刘髆为太子。

刘彻

我这个人一辈子最忌讳的就是外戚干政，没想到却被刘屈牦他们利用了这一点。帝王家向来是扶一个踩一个，让朝局保持均衡，最怕一家独大。一家独大，必然伤及皇权。因此，刘屈牦虽然没什么阅历，但我仍然让他去当丞相，看中的就是他是个愣头青，做起事来无所顾忌。可是我还是小瞧了刘屈牦。

刘屈牦

陛下让我去当恶犬，我也无所谓。反正我正想着要利用手中的权力，哪怕只是暂时的，孤注一掷，我也要把卫青集团铲除。

刘彻

事实证明刘屈牦是一条恶犬，而且是一条有心计的恶犬。他当上丞相后，跟李广利一内一外，立刻对卫青集团形成碾压之势。新旧外戚集团势同水火，我本想着利用新外戚去打击一

下旧外戚。可是没想到，我反被新外戚利用了。这也怪太子刘据口无遮拦，在不同场合多次表示要对我的政策改弦更张。这对于一个在位的皇帝来讲，谁能受得了？我还没死呢！因此我对刘据十分不满。刘据和他的舅舅卫青时时让我感受到威胁。他们既收获了民心，还掌握着军权，一旦起野心，后果不堪设想。因此，当卫青集团的权势达到顶峰的时候，我就在考虑如何铲除他们了。

卫青

陛下，我是真冤枉啊。我亲自见证过外戚田氏、窦氏的覆灭，都是眨眼间的事，我怎么还敢有野心呢？

卫子夫

“卫青集团”这几个字，我们是当不起的。据儿宽仁柔和，跟陛下的风格不一样，可是他绝不敢不尊皇上的权威。皇上心里比谁都明白。

江充

那又怎样？我就是看出了陛下的这个心思，才出手搞垮你们的。我这个“直指绣衣使者”可不是白干的，上至公卿将相，下到黎民百姓，都在我的弹劾范围之内。

刘彻

也是我晚年多疑，才会重用江充这样的人。

刘屈牦

我跟江充商量了一个计策，可以让卫氏外戚顷刻瓦解。那就是用巫蛊给太子栽赃。陛下最忌讳这个，一定会对太子动手的。

刘彻

我太糊涂了。当时有个近侍太监叫苏文，整天在我面前说太子的坏话。刚开始我也不信，可是谎话说过一千遍也成真的。太子在我心中越发不受待见。

刘屈牦

苏文的话，都是我教他的！

刘彻

“巫蛊冤案”是从将军公孙贺开始的。他是卫青的妹夫，也是卫氏外戚的人。他的儿子公孙敬声擅自挪用军费，案发被捕。公孙贺向我请求追捕游侠朱安世，为自己的儿子赎罪。朱安世被捕后，在狱中上书，告发公孙敬声用巫蛊诅咒我。我当时正在病中，一听说起了巫蛊，非常震怒，当场就让公孙贺父子下狱，并立刻处死。

刘屈氂

机不可失，时不再来。我授意江充，把巫蛊的祸水往太子身上引。

刘彻

也真奇怪，当时我头昏脑涨，精神恍惚。一到睡觉的时候，就感觉有几千个小木头人，个个手里拿着棍子，拼命地往我身上打，打得我疼得不得了，却怎么也躲不开。

江充

我一看陛下这个样子，就建议在长安城彻查巫蛊。挖来挖去，挖向太子的寝宫，从里面挖出许多木偶和一条布帛，上面写着咒骂陛下的话。

刘据

我听说后，赶紧找老师石德商量。石德害怕皇上治他的罪，就怂恿我起兵捉拿江充。此时，恰赶上江充派人来抓我。我一怒之下，干脆一不做二不休，先把江充杀死，然后再找刘屈氂算账。

刘屈氂

我听说太子带兵杀来，吓得连丞相的大印都不顾，仓皇出逃，派自己的部下奔入甘泉宫，向陛下报告太子造反。

刘彻

我不相信刘据能起兵造反，就打发人叫太子过来，询问一下情况。谁知刘屈牦早已买通了近侍，他们出去走走样子，然后回来告诉我——太子真的造反了。我当时糊涂啊，竟然信以为真，当即下诏发兵平叛。

刘屈牦

老子急了要索儿子的命，这正中我的下怀！我带兵去跟太子的兵打仗，整个长安城都打热闹了。

刘据

可惜我兵弱将寡，最后只能逃跑。我带着家人逃亡至湖县，藏在一个友人家中。友人家贫，让家人织草鞋卖草鞋以奉养我。后来，为了生计，我派人去寻觅一位富裕的故人，结果被朝廷派出的密探发觉。地方官吏带兵来围捕我，我不愿遭受小吏之辱，自杀身亡。

刘彻

太子死了，卫氏外戚覆灭。可是我的心里总觉得哪里不对劲。征和三年，李广利出征匈奴，刘屈牦到渭桥送行。两个人说悄悄话。李广利让刘屈牦早早拥立昌邑王为储君，刘屈牦心领神会，说卫氏外戚倒了，没人跟昌邑王争了。这些对话被内者令郭穰偷听到，回来报告给我。我突然醒过味来——我被他们利用了！我十分震怒和痛心，发誓要彻底清算“巫蛊冤案”。经过一系列的调查，真相终于大白。刘屈牦被腰斩，李广利被吓得投降匈奴，我杀了他全家。可是我却永远失去了爱子。

汉武帝一生志在开拓，花光汉初七十余年的积蓄，还大大增加了百姓的负担。如果刘据不死，宽以济猛，或许能够纠正武帝晚年的偏失，也能避免后面外戚相继干政的局面。

小剧场

这……这不是我的！

给我往下查，一个都不能放过！

假如古代帝王有独白……

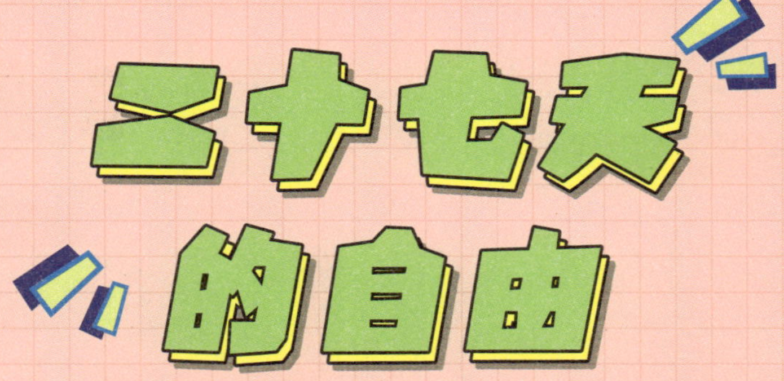

姓　　名：刘贺
庙　　号：汉世宗
生　　卒：前 92 —前 59 年
出 生 地：今山东省菏泽市巨野县
民族族群：汉族
职　　位：西汉第 9 任皇帝

进入会场

刘贺

自辩榜 012 名 >

更多直播间 >

今天要讨论的是西汉的一位皇帝，他以在位时间极短而名扬后世——只有短短的二十七天。天地翻覆的二十七天，究竟发生了什么？请听汉废帝本人来一吐为快！

参加此次大会的还有霍光、上官太后、汉宣帝。

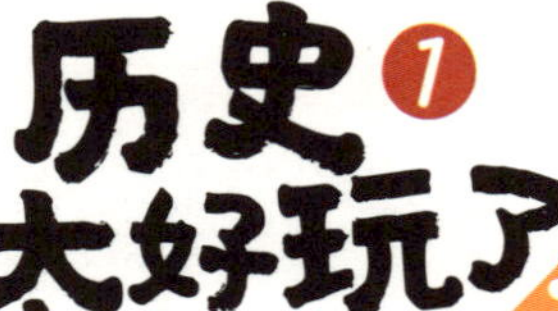

霍　　光：西汉中期重臣、外戚

上官太后：汉昭帝皇后

汉 宣 帝：西汉第 10 任皇帝

刘贺

大家好，我是西汉第 9 任皇帝刘贺。我在位二十七天就被霍光废黜，而且还把我的名声搞臭了。事实上根本不是那么回事。今天我要把实情讲出来。霍老头，你可别拦着我！

霍光

嘴长在你脸上，我怎么拦得了？

刘贺

你这个人向来手狠心黑。很好笑，有人把你形容成背着周成王辅政的周公，我看他们是看走眼了。

霍光

我辅佐汉昭帝这么多年，大家有目共睹，岂是你一两句话能够抹黑的？

刘贺

你是个伪君子，欺瞒世人，我要揭穿你。我本来是昌邑王刘髆的独生子。我父亲在我五岁的时候就死掉了，我袭爵成为第 2 任昌邑王，在封国内过着无忧无虑的日子。我孝敬母亲，热爱读书，要是没有后来那件事，我的生活别提多惬意了。可是有人偏偏不想让我过这样的生活。

上官太后

汉昭帝死时，我才十五岁，并没有子嗣。为了给国家找出一位继承人，我的外祖父霍光跟我商量，说是有两个人具备继承帝位的资格：一个是广陵王刘胥，一个就是昌邑王刘贺。

霍光

我当时有个顾虑，广陵王刘胥年龄比较大，而且在广陵国内已经建立起非常牢固且成熟的领导班子。一旦让他入继大统，霍家跟上官家族这么多年来苦心经营的权势，可能会土崩瓦解。因此我建议上官太后选择后者——昌邑王刘贺。刘贺毕竟年纪小，羽翼未成，将来好控制。

上官太后

上官家和霍家那是一荣俱荣、一损俱损，对我们两大家族不利的事，我是不会干的。

刘贺

消息传来，我可老大不乐意。谁不想当皇帝，可是我真的不想当。不是我清高，而是因为我深深地知道朝局是什么情形。如今的朝局霍光说了算。不明白的人以为去长安是当皇帝；可明白的人都知道，去长安是当傀儡。不想当傀儡的话，就得跟霍光闹个鱼死网破。

霍光

唉，你但凡听话一点儿，我也不可能把你赶下王位。

刘贺

我是个人，不是木偶，可以任你操纵摆弄。可是太后的旨意下来了，谁敢不从？我只好动身去长安。这一路上我可烦透了，内心极其复杂。你想，我还是个孩子呢，马上要当皇帝了，哪有不激动的？我日夜兼程，马不停蹄，恨不能马上就到长安；可心里又充满了担忧和恐惧。汉昭帝当了十几年皇帝，都没能翻出霍光的手心，遑论我这个外来的藩王了。

霍光

从刘贺在长安预备登基的那段时间所表现出来的种种，就可以发现，有时候马驹子更不容易被驯服。

刘贺

名为皇帝，实则有人把我当成马驹子，想把我驯服得服服帖帖的，可我就是不配合，而且由着性子胡来，看看霍光到底能把我怎么着。我拉拢朝廷重臣，大肆封赏陪我进京的昌邑群臣，用重礼去祭祀我的生父，在后宫胡闹一气……我就是想让霍光和上官太后看看，皇帝是我，不是他们。我想怎样就怎样，绝不向他们低头！

上官太后

刘贺这个小子在后宫里胡闹，根本不把我放在眼里，我只能求助于我的外祖父霍光，让他给拿个主意。

霍光

你以为我就不生气？原本想着刘贺胡闹一阵也就算了，然后好好当皇帝，有我给他把着关，出出主意，差也差不到哪儿去。可是后来我发现，这小子就是故意的。

刘贺

二十七天！仅仅二十七天！霍光就按捺不住了，就要对我动手。第二十七天的时候，我刚来到未央宫承明殿，和群臣一起朝拜上官太后，却发现宫门紧闭，昌邑群臣被隔绝在外。接着霍光发难，将昌邑群臣二百余人尽数斩杀。我被列举做了一千一百二十七件荒唐事而遭到废黜。一下子我从堂堂天子沦为罪大恶极之徒。

霍光

哼，我要让你看看，谁才是这大汉朝真正的掌舵人。

刘贺

当然是你了！霍大将军！不过，我提醒你一下，你污蔑人

的手段实在太差，根本不动脑筋，不知道是你智商不足，还是故意想侮辱我。你说我二十七天作恶一千一百二十七件荒唐事，那我一天得平均干四十多件荒唐事才能达到你的标准，你想累死我吗？

霍光

我不杀死你已经是天大的慈悲了！跟我斗，你还差得远呢！告诉你吧，我找到了新的继承人。你对我来说，已经变得可有可无，丝毫也不重要了。

汉宣帝

我还是担心刘贺可能复辟。

霍光

放心吧，陛下，我把他远远地贬到南方去，圈禁起来，永远不会对你构成威胁。

汉宣帝

一定要好好监视，其一举一动都要汇报给我！

刘贺

二十七天，虽然短暂，却是我一生中最真实的一段时光。

在这段时光里，我没有屈从外戚的压力，争取过当一个正常皇帝的自由。虽然失败了，但值了，我一点儿也不后悔。

两千年后，海昏侯墓现世，表明刘贺确实是个深明孝道、多才多艺的人，跟史书上说的那个罪恶多端的汉废帝迥然相异。可见霍光在抹黑刘贺这件事上着力不少。

刘贺

 × × 年

二十七天！仅仅二十七天！

 6 喜欢　

3 评论

上官太后

刘贺这个小子在后宫里胡闹，根本不把我放在眼里。

霍光

哼，我要让你看看，谁才是这大汉朝真正的掌舵人。

汉宣帝

我还是担心刘贺可能复辟。

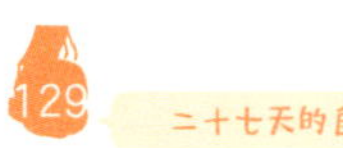

假如古代帝王有独白……

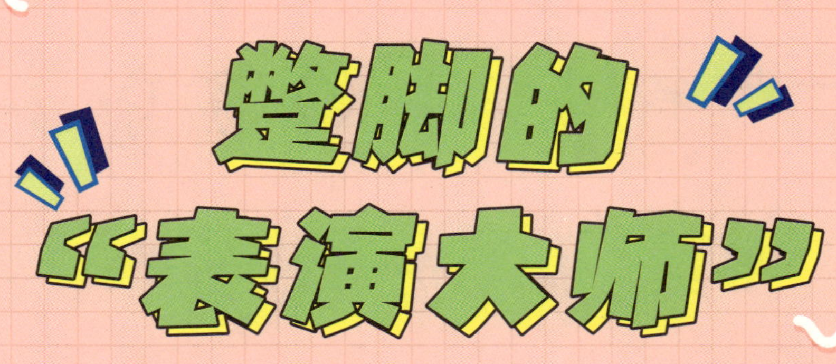

姓　　名：王莽
庙　　号：始祖
生　　卒：前 45 — 23 年
出 生 地：今河北省大名县东
民族族群：汉族
职　　位：新朝开国皇帝、政治家

进入会场

呵呵，还不是栽在我手上。

我故作姿态的样子还是很有说服力的。

没承想是第一个，也是最后一个。

我的离开是暂时的，都被骗了吧。

我不想惹事，我也不怕事。

王莽

自辩榜 013 名 >

更多直播间 >

今天要登场的帝王是建立了新朝的王莽。他为了权位，施尽伎俩，可一旦登上权位顶峰后，却遭遇了无情的打击——十数年而新朝亡。其中的心路历程，且听本尊一吐为快！

参加此次大会的还有王政君、汉成帝、汉哀帝、汉平帝、哀章、杜吴。

王政君：西汉第 11 任皇帝汉元帝刘奭的皇后
汉成帝：刘骜，西汉第 12 任皇帝
汉哀帝：刘欣，西汉第 13 任皇帝
汉平帝：刘衎，西汉第 14 任皇帝
哀　章：新朝时期王莽幸臣
杜　吴：杀死王莽的人

王莽

大家好，我是新朝第一任皇帝。

汉成帝

也是最后一任皇帝。

王莽

说起这事挺丢人的，可是既然历史无法改变，我也不怕一吐为快。我这个人一是有权力欲，二是有表演欲。我成于此，也败于此。我生于西汉末年，外戚专权，政治黑暗。西汉一朝，外戚的问题就像是顽固的牛皮癣，吕氏、窦氏、田氏、霍氏、王氏相继而起，强如高祖、武帝都没能解决好外戚问题，更不用说平庸孱弱的元、成、哀、平诸帝了。我们王家当然也有煊赫一时的外戚，我的发迹正得益于此。我的姑母是汉元帝刘奭的皇后。

王政君

我的父亲王禁，一共有四个闺女八个儿子。我在女儿中排第二。王莽的父亲王曼在儿子中也排第二。据说生我的时候，我的母亲梦见月亮入怀，预示我必将大富大贵。后来我被献入宫中，选为太子刘奭的正妃，生了一个儿子叫刘骜。宣帝死后，我一下子成了元帝的皇后，从此王氏飞黄腾达，出现了“一门十侯，五大司马”的盛况。

王莽

有了这样的姑母，我还愁不发达吗？我年轻的时候，所做的一切就是为了取悦姑母。我绝不吹牛，我是个表演达人，为姑母表演她所喜爱的那个我。汉代以孝治天下。好，我就演给姑母看。伯父王凤病重，我日夜随侍，亲尝汤药，忙得蓬头垢面。伯父大受感动，弥留之际，将我托付给姑母。伯父死后，叔父王根执政。他没多久也重病不起，我又把伺候伯父的桥段演了一遍。我姑母见我孝顺，对我另眼相看。于是，在我三十八岁的时候，我成为大司马、大将军，迈入了汉朝的权力中枢。

王政君

年纪轻轻就执掌中枢，我这个侄儿还是很厉害的，要是没有后边那些事，我是真心喜爱他的。

王莽

汉成帝死后，没有子嗣。定陶王刘康的儿子刘欣嗣位，是为汉哀帝。问题来了，这个刘欣跟我们王氏没有任何关系。他想要坐稳皇位，一定会引入新的外戚，新旧外戚之间必然会有权力冲突。

王政君

我也看出了这个苗头，为了避免斗争，我建议王莽主动交权。

王莽

我虽然极不情愿，可还是提交了辞呈。

汉哀帝

我难道是傻子吗？我即位的时候，周围都是王家人，要是我同意王莽辞职，朝廷就运转不了了。因此，我虽然非常愿意王莽辞职，可是我还得做出姿态，假惺惺地挽留他。

王莽

我虽然保住了位子，可是汉哀帝肯定是不信任我的。从他后来引入母族丁氏、祖母族傅氏两家外戚来看，他是成心要与王氏抗衡。

王政君

刘欣是小宗入继，按理来说，该以我为尊，他却下诏追尊他的父亲为定陶共皇，傅太后为共皇太后，丁后为共皇后。在一场规模盛大的宫廷宴会中，内者令为了讨好刘欣，为傅太后张幄设座，与我同列。我就无法忍受了。

王莽

我趁机严厉斥责内者令："你怎么能安排一个藩王之妾跟至尊太皇太后并列而坐呢？！"最后宴会不欢而散。我担心事态扩大化，再次提交了辞呈。

汉哀帝

辞就辞吧，我连假意挽留都不做了。

王莽

我的离开是暂时的，是为了更进一步攫取汉朝的大权。

王政君

没想到很快汉哀帝就死了，这可是王氏扳回一局的绝佳机会。我赶紧让人召回王莽。

王莽

我重新执政后，加紧了篡位的步伐。我迎立中山孝王的儿子刘衎（kàn）为新的皇帝，就是汉平帝。我姑母临朝听政。一切都是我说了算。谁要是不买我的账，对不起，给我走人。再不老实的，杀头。我还策划了让我女儿嫁给汉平帝的大剧，我堂而皇之地成了国丈，位尊权贵，汉朝的权力尽在我掌握之中。

汉平帝

我一个十几岁的孩子，汉哀帝的凄惨遭遇我也有所耳闻，深知这个王莽极不好惹。我也不想干什么，但求能平安度日就行。

平安度日？想得美！权力的独木桥上怎么能容得下两个人呢？十四岁的汉平帝染病，无疑又刺激了我的野心。我一方面猫哭耗子假慈悲；另一方面，在花椒酒中下毒，在腊八节这一天，由我亲自进献给汉平帝喝。他一命呜呼。我故作悲戚，如丧考妣。鸩杀汉平帝后，我立两岁的广戚侯子婴为帝。两岁的婴儿知道什么。我下一步就是要代汉而立。但是不能平白无故地就改朝换代啊，为此我导演了一出“天降祥瑞”的好戏。

哀章

该我上场了。我是四川人，是在太学读书的学生，我看到王莽离皇帝就差一步之遥了，就想投机一把。我偷偷做了两检铜匮，一检上写着“天帝行玺金匮图”，另一检上写着“赤帝行玺某传予皇帝金策书”，金策书中明确写着刘邦将皇位传予王莽。我为了自己着想，还写了王莽当上皇帝之后，应该授予我何种官职。

王莽

哀章这小子头脑太灵光了，我本想小火慢炖，称帝的事慢慢来。这样的话，我倒要“顺应祥瑞”，早早地操持上位了。我跑到姑母面前讨要玉玺，尽管她气愤地把玉玺抛到了地上，但最终我还是拿到了。公元九年，我举行登基大典，建国号为“新”，改年号为“始建国”。

王政君

到现在我才看清这个坏小子的险恶用心。我是刘家的媳妇，你可以做高官，执掌中枢，没问题，但你不能篡位！

王莽

我好不容易才当上皇帝，没想到会天下大乱。我原以为攀到了权力的顶峰，可以领略无上风光，谁想同时也坐到了即将喷发的火山口。

杜吴

王莽篡汉，天下沸腾。绿林、赤眉两大起义军揭竿而起，很快就攻破了长安城的宣平门，围逼皇宫。王莽在一群死党的支持下，负隅顽抗。后来长安城中市民倒戈，放火焚毁宫殿。人们高喊“反虏王莽，何不出降！”象征了王权的宫殿被焚毁，到处烟熏火燎，惨叫声、骂声响成一片。

王莽

我简直不敢相信我所见到的，到处都是血腥和火光。我在火光中，手擎着一把匕首，面色铁青，头发凌乱，身上的龙袍已被大火烧烂。我也曾大声号叫：“我做皇帝乃是上天的旨意，乱兵能奈我何？”可惜没人会在乎我这个皇帝的感受了。我一看宫中不足以守，便从白虎门逃走，来到渐台，躲进上面的一间小黑屋子里。

杜吴

渐台是一个池水环绕的小岛，人工造就，巧夺天工，没想到这小小的池中之物，竟成了埋葬王莽和新王朝的坟场。当我发现王莽的时候，他早已没了皇帝的威严，双手抱头，眼中流露出一片惊骇之意。我闯进小黑屋，不由分说，一刀狠狠刺向了他的心窝。他一声惨叫，倒在一片血泊中。起义军跟上来，把王莽剁成了肉泥。

王莽

人生一场大梦！

王莽的篡汉自有其背景，就算他不篡汉，西汉也会亡，但王莽的拙劣演技证明，人可以为了权力，牺牲一切，不择手段。权力使人性变得扭曲。

王莽

× × 年

我原以为攀到了权力的顶峰，可以领略无上风光，谁想同时也坐到了即将喷发的火山口。

6 喜欢　　2 评论

王政君

到现在我才看清这个坏小子的险恶用心。

杜吴

王莽篡汉，天下大乱。

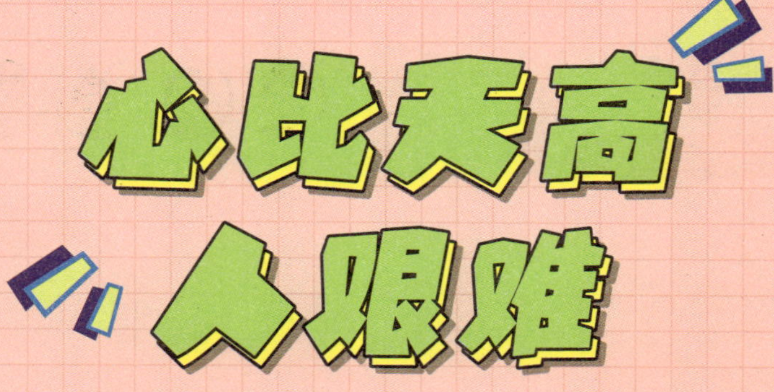

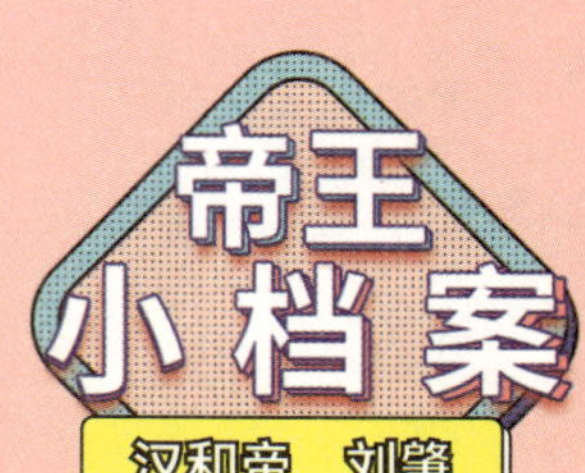

汉和帝 刘肇

姓　　名：刘肇
庙　　号：汉穆宗
生　　卒：79 — 106 年
出 生 地：今河南省洛阳市
民族族群：汉族
职　　位：东汉第 4 任皇帝

进入会场

我行四，是没有资格登上至尊皇位的。

我对皇帝的忠心，日月可鉴。

在母以子贵的时代，我当时的处境十分危险。

论能力怎么我就不能坐坐这皇位？

在协助窦太后这件事儿上，我算是十分尽力。

刘肇

自辩榜 014 名 >

更多直播间 >

今天请到的嘉宾是汉和帝刘肇。在他统治时期，东汉达到鼎盛，史称“永元之隆”；但也有人把东汉灭亡的祸根归咎于他。真相如何，刘肇有话要说。有请嘉宾一吐为快！

参加此次大会的还有窦太后、窦宪、蔡伦、郑众、班超。

历史 1 太好玩了

窦太后：汉章帝刘炟的皇后

窦　宪：东汉和帝将领、外戚、权臣

蔡　伦：东汉宦官，造纸技术的改良者

郑　众：东汉宦官

班　超：东汉时期军事家、外交家

刘肇

大家好，我是东汉第四任皇帝，也是汉章帝刘炟的第四个儿子。按理来说，作为老四，我是没有资格登上至尊皇位的，可是命运弄人，阴错阳差地把我推上了皇帝的宝座。要是非把当皇帝作为人生无上幸运的话，那我的运气要归功于窦太后。没有她，万万轮不到我来当这个皇帝的。

窦太后

我也是没有办法，我作为皇后而不能生养，在母以子贵的时代，是十分危险的。千方百计地寻找一个将来可以依赖的嫡子，成了我的心病。

刘肇

这也无可厚非，可是您的手段有些歹毒。在这儿，我要跟广大读者爆个料。大家都津津乐道的中国古代四大发明，其中有一项是东汉蔡伦造纸术。蔡伦一个太监，早年净身入宫，不但因改进了造纸术为众人所知，还直接让我在储君的队列中成功插队。

蔡伦

窦太后没有嫡子，这对一朝的皇后来说可不是什么好兆头。为了保住皇后之位，她就让我想方设法除掉那些怀了龙子的妃子。为此那些年我坏事没少干，可我能有什么办法呢？！

我记得当时立了宋贵人的儿子刘庆为太子。窦太后就指使我想法子诬陷宋贵人。我用的法子都是些下三烂的手段，最后逼得宋贵人自杀，刘庆被废。接着她又让我陷害生了汉和帝的梁贵人。汉和帝就是这个时候被窦太后强行收养，成为她的嫡子的。

窦太后

现在想想我也挺胆大的，当时根本没考虑将来这个孩子得知真相后会怎么办，只是想着有了嫡子，皇后的位子就保住了，以后的事以后再说。

刘肇

我顺利“插队”成为储君，我父亲一死，我顺理成章地成为东汉的皇帝。这一年，我年仅十岁。谁能想到，一个不过小学四年级的孩子竟然成为一个庞然帝国的国君。在一般人看来，我纵然当上皇帝，也不过是个傀儡而已。但我幼小的内心却是想着绝不当这个傀儡。无奈事实上是窦太后临朝听政，把持了朝局。窦家人风生水起，占据了要职。

窦宪

这个小皇帝言语不多，沉默寡言。我觉得他不是块当皇帝的料，我想取而代之。毕竟不可一世的匈奴都被我赶跑了，这可是连汉武帝、卫青和霍去病都没取得过的功劳。文治武功都是我窦氏的功劳，为什么皇位要让他们老刘家坐？

刘肇

窦宪野心勃勃，我不把他除掉，是坐不稳龙椅的。当得知窦宪的阴谋时，我决定先下手为强，我要制人而不要受制于人。我把身边的人一一审视，最后觉得钩盾令郑众可以帮我。他富有心计，且忠于皇帝。

郑众

我不过是皇宫里负责河池苑囿的太监，经历了太多的明争暗斗，但我始终是忠于皇帝的。我对窦宪以及窦氏外戚的骄横跋扈早就不满。后来知道和帝想铲除外戚，我举双手赞成。我找来《汉书》，让小皇帝把里面的《外戚传》好好看看，做一些思想准备。

刘肇

我读到当初汉宣帝诛杀霍禹的故事时，内心激动不已。我也要像汉宣帝一样，诛杀窦宪。为了壮大力量，我把遭受窦太后陷害的刘庆拉入我的阵营，然后在郑众、蔡伦的合作下，密谋铲除窦氏。在我即位的第四个年头，即永元四年六月的某一天，我决定收网。我亲临北宫指挥抓捕窦宪。在执金吾和北军的支持下，窦宪自杀，其党羽束手就擒，被捕入狱。那一年，我十四岁。那一年，我正式君临天下。在我的努力下，东汉达到鼎盛。在文治方面，我招贤纳士，奖励耕织，经济获得大发展，户籍人口达到五千三百二十五万人，史称“永元之隆”；在武功上，先后平定了南北匈奴、武陵蛮、西羌的叛乱，西域归附的国家多达五十多个。

班超

那不是吹的，西域变得服服帖帖，再也不敢闹事了。

郑众

我因为铲除窦宪有功，事后被升职为大长秋，那可是皇宫近侍官的首领，全由陛下的心腹、亲信担任，可见当时陛下对我的宠信。

刘肇

我发现郑众这个人，虽是个宦官，可是人很靠谱，我赏赐他的时候，他总是推辞的多，接受的少，这样的品质在太监里面已经相当难得了。越是这样我就越要重用，我还要封他为侯。以后国家大事我也要多跟他商量。

郑众

唉，这也是授人以柄，毕竟宦官干政比起外戚干政来也不算什么好事。因此，后世史家都说东汉亡于宦官干政，而宦官

干政始于汉和帝，汉和帝因此被扣上了“启东汉灭亡之先”的黑锅。

刘肇

这个黑锅我可不背。先允许我介绍一下我之后的东汉皇帝。我之后是汉殇帝，在位二百多天；汉安帝，继位时十三岁；汉顺帝，十一岁继位；冲帝，两岁继位；汉质帝，八岁继位；汉桓帝，十五岁；汉灵帝，十二岁；汉少帝，十四岁；汉献帝，九岁。这些后代儿孙，活过三十岁的并不多，都是幼年就登大位，不是倚重外戚，就是倚重宦官，因此东汉陷入外戚与宦官轮流干政的恶性循环之中。实在不能怪我，要怪只能怪我刘氏子嗣不争气，国无长君。

汉和帝时期的宦官，蔡伦和郑众所树立的形象并不差，并未形成专权乱政。之后东汉亡于宦官和外戚轮流干政，以此结果倒推原因，把根源归于汉和帝重用郑众，未免太过于牵强和不公。

刘肇

 ××年

我十四岁。那一年，我正式君临天下。

 6 喜欢  2 评论

郑众

我不过是皇宫里负责河池苑囿的太监，经历了太多的明争暗斗，但我始终是忠于皇帝的。

班超

那不是吹的，西域变得服服帖帖，再也不敢闹事了。

扶起来也是无益

帝王小档案

蜀后主　刘禅

姓　　名：刘禅

庙　　号：汉仁宗

生　　卒：207 — 271 年

出 生 地：今湖北省荆州市

民族族群：汉族

职　　位：三国时期蜀汉第 2 任皇帝

进入会场

司马昭你竟想给我下套，哼。

我想试探刘禅是不是有光复旧国之心。

我慧眼如炬，不会看错人的。

我不允许你们骂陛下是昏君。

咳咳，下面我来举个例子……

刘禅

自辩榜 015 名 >

更多直播间 >

今天邀请到的嘉宾是蜀后主刘禅。历史上他是“扶不起”的阿斗，但他不这么认为——真是“扶不起”的话，诸葛亮死后，他怎么能执掌积贫积弱的蜀国近三十年呢？有请本尊，一吐为快！

参加此次大会的还有诸葛亮、蒋琬、黄皓、司马昭。

诸葛亮：三国时期蜀国丞相

蒋　琬：三国时期蜀国政治家

黄　皓：三国时期蜀国宦官

司马昭：三国时期曹魏权臣

刘禅

我就是世人眼中的“扶不起”的阿斗，刘备的儿子。我父亲创业艰辛，只当了三年皇帝就去世了，把一个草创的国家丢给了我。幸亏有诸葛丞相帮忙料理，否则我小小年纪肯定是忙不过来的。

诸葛亮

这个确实是，您十八岁的时候，我曾经评价过您：天资聪慧，礼贤下士。

刘禅

丞相一向以态度严谨、实事求是著称，从来不搞阿谀奉承那一套。他对我的评价是可信的，也是中肯的。虽然父亲死后，我跟丞相之间也有矛盾，但我对他父亲般的感情从未改变，他也一心为我着想。后世有些人说我们之间怎么明争暗斗了，丞相怎么压制我了，我怎么恨丞相了，全都是胡说八道，不值得一驳。

蒋琬

关于您的智商问题，我愿意做一个见证。我举个例子，就可以让世人对您的智商表示钦佩。当初您赐五虎大将谥号的时候，封关羽壮缪、赵云顺平、张飞桓侯、马超威侯、黄忠刚侯。

诏书下达的时候，我对您简直要举两个大拇指。这些谥号充分地展现了关羽虽武勇但刚愎自用，赵云武艺高强又稳重可靠，张飞擅长上阵拼杀开拓战果（辟土服远曰“桓”），马超神威难挡，黄忠虽然老迈却依旧刚强。所有人的性格都被您概括了进去。试问，这是个低智商的人想得来的吗？

黄皓

还有呢，我记得魏国夏侯霸投奔蜀汉的时候，陛下就立刻接见了他，并且对他说：“刀剑无眼，你先祖之死和我们没有关系。”之后陛下又指着自己的儿子说，“这也是您的子侄呀。”因为夏侯霸的堂妹是张飞的妻子，而张飞和夏侯氏所生的女儿正是后主的皇后。陛下并没有因为夏侯霸的过去而排挤他，还对其委以重任。这难道是个昏庸的君主会做的吗？

刘禅

其实我什么都懂，朝局我也懂，时局我也懂。丞相活着的时候，我百分之一万地相信他，任由他处理国事，决断杀伐也任由他，我毫无怨言。丞相死后，我就不能再享清福了，我也该操操心了。丞相之位的空缺让朝里很多人蠢蠢欲动。但我并没有表态谁可以来当这个丞相。因为我的性格我知道，我比较懦弱，有时候甚至有些优柔寡断，很容易受到丞相的操控。最关键的一条，并不是每个人都能像诸葛亮那样对我忠心不贰。因此我想废掉丞相，杜绝一切人的非分之想。最后我设计了相

关的替代制度，把丞相这个职位废掉了，解决了蜀国长期以来丞相独大的局面，把蜀国的各项大权都彻底掌握在自己手中。很多号称大有作为的皇帝都解决不了的皇权与相权之间的斗争，我却给摆平了，这难道不说明问题吗？

蒋琬

陛下真是高明啊，虽然您的举措也有些后遗症，比如说黄皓的受宠，但总体来说还是卓有成效的。诸葛丞相死后，蜀国在您的手中，依然运转了二十九年，这不得不说是得益于您当初废除丞相的举措。

刘禅

黄皓不过是个宦官，掀不起风浪。总有那么几个人在我耳边说他的坏话，好像这个人要让我亡国灭种似的。其实平心而论，蜀国之亡是当时的时局决定的，黄皓顶不起这个帽子，我也顶不起。丞相六出祁山，姜维九伐中原，都没什么成效，大势还不明显吗？司马昭之心，路人皆知。蜀国不过是司马昭的一盘菜罢了。蜀国的百姓为了北伐牺牲得太多，已经到了吃不饱、穿不暖的地步。结局早已注定，我又何必做无谓的牺牲呢？不如逆来顺受，保全百姓，骂名由我来担。后来我投降被俘，蜀国百姓没有遭受战争的祸害，算是我对我的子民最后一点儿心意吧。至于说到我的名声，由它去吧。

司马昭

我想试探刘禅是不是有光复旧国的心，就在一次宴会上问他，是魏国好啊，还是蜀国好啊？

刘禅

司马昭还想给我下套，找个借口杀掉我，我才不上当呢，我立刻告诉他，此间乐，不思蜀！我的性命才得以保全。唉，没想到智商低、贪生怕死的骂名却流传后世。可是，我想说的是，你们看看那些亡国君主有几个得了善终的？恐怕只有我了！司马氏把曹家的人都杀光了，我能活下来，简直就是个奇迹，这个奇迹要归功于我自己。

刘禅虽然称不上是有作为的帝王，但也绝对不是世人嘴里的昏君。他明晰大势，懂得驭下之道，爱惜百姓，这足以说明他是个智商和情商都很高的人。

刘禅

 × × 年

我就是世人眼中“扶不起”的阿斗。我父亲不放心我，特意嘱咐丞相好好照顾我。

 6 喜欢　　 3 评论

蒋琬

陛下，您得自信起来！

诸葛亮

我也是一片苦心呀。

黄皓

臣对陛下的敬仰，日月可鉴。

假如古代帝王有独白……

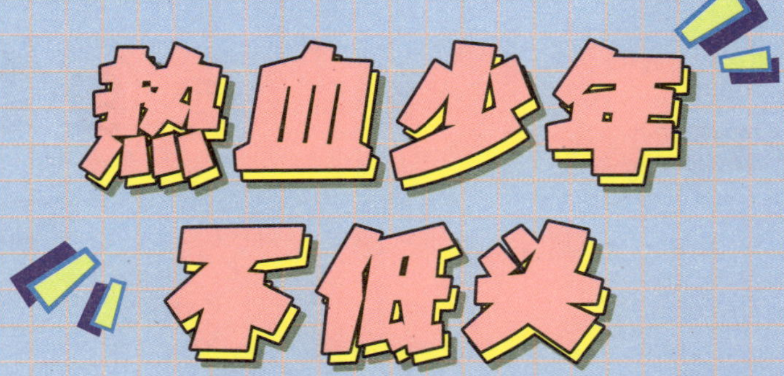

姓　　名：曹髦
庙　　号：无
生　　卒：241 — 260 年
出 生 地：今山东省郯城县
民族族群：汉族
职　　位：三国时期曹魏第4任皇帝

进入会场

啊……啊……都不要动我呀！

我劝你还是收起那份不甘心。

我的一生，注定是昙花一现。

我的怀疑不会错。

又到了站队环节，我真的不会选啊！

曹髦

自辩榜 016 名 >

更多直播间 >

今天的嘉宾是曹魏皇帝曹髦。他是个战士，不肯仰司马氏的鼻息生存，年仅十九岁就被杀死。但他勇气可嘉，事迹壮烈，千年之后仍让人血脉偾张，可后世之人却说他操之过急，无谓赴死。究竟当时是怎么个情形，且听本尊一吐为快！

参加此次大会的还有曹芳、司马昭、贾充、成济。

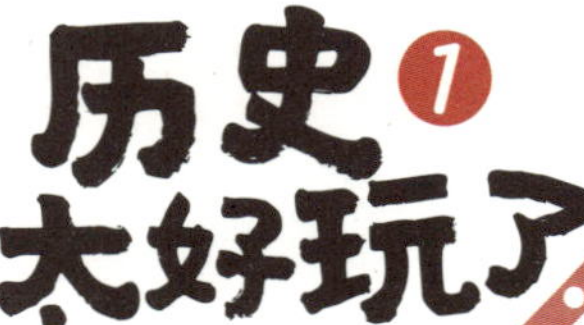

曹　芳：曹魏第 3 任皇帝
司马昭：三国时期曹魏权臣
贾　充：西晋王朝的开国元勋
成　济：三国时期魏国大臣

曹髦

大家好，我是曹魏的第 4 任皇帝曹髦。我“就义”的时候还不到二十岁。我的一生，如昙花一现。要不是真格地反抗司马昭一回，或许早已被历史烟尘湮灭了。

司马昭

小子，你也太自不量力了，大势已归于我司马氏，可是你不甘心。

曹髦

换你你能甘心吗？我不想做你的傀儡。纵然我是一颗短暂易逝的流星，我也要在天空中划出完美的曲线，尽情燃烧。我刚即位的时候，司马氏已然坐大。魏国的大权皆操于司马昭之手。我在司马昭的巨大阴影中，终日战战兢兢。我可不想像齐王曹芳那样被废掉。

曹芳

我也不想啊，可是胳膊拧不过大腿，咱们曹氏早已不是魏武帝、魏文帝时的曹氏了。司马昭之心，路人皆知。他嫌我碍眼，就把我扒拉下来了。

司马昭

曹操的子孙们一代不如一代。魏明帝曹睿临死的时候，托孤我父亲司马懿。司马氏一跃成为凌驾于曹氏之上的大族。齐王曹芳即位不久，我父亲去世。我哥哥司马师独揽魏国大权。

曹芳

他们哥俩儿为了扩张势力，大肆排除异己，实施高压政策。我虽然不满，却也不敢说啥，只好终日沉迷于醇酒美妇，任它天翻地覆！

曹髦

你的心里一点儿也没有社稷苍生。

曹芳

我倒是想有，那也得问问司马昭答不答应。

司马昭

别忘了，你是有机会除掉我的。有一次我打仗回来，只身去拜见你。当时你正在吃栗子，这时一个叫云午的优伶，以其尖细刺耳的声音喊道："青头鸡！青头鸡！""青头鸡"是"鸭"的别称，鸭者，"押"也，暗示你下诏把我拘押起来。可惜你这个懦夫，心里早就吓傻了，根本不敢下令拘押我。我这才躲过一劫。

曹芳

你躲过了，我就躲不过了。

司马昭

曹芳被废后，曹髦被立为新的皇帝，我寻思这小子乳臭未干，应该很好控制。

贾充

曹髦“少好学，夙成”，且“才慧夙成，好问尚辞，盖亦文帝之风流也！”可见这小子是个温文尔雅、颇有书生气质的年轻人。

曹髦

我当上皇帝后，按常理来说应该好好高兴一阵子才对。可是，我高兴不起来。我感觉司马氏就像一堵巨墙，随时可能倒下来把我压死。司马昭见我的时候，视我如同空气，神情极其傲慢，态度极其鄙夷，使我如芒在背。这种切肤之痛，日夜折磨着我。我当时才十四岁，年纪轻轻就承受了那个年龄本不应该承受的重压。十四岁不是应该还在上学吗？我却得考虑家国、祖先、后代，乃至全天下的老百姓。

司马昭

我想起一件事。当时我哥哥司马师还活着。一次下朝，他问钟会，你看这个小皇帝如何？钟会只说了一句：“才同陈思，武类太祖！”我哥哥愣住了，回来就跟我讲，要尽快处治掉曹髦，不能让这小子长大掌权。

曹髦

残酷的政治环境让我变得成熟。我丢掉了孩子该有的天真烂漫，代之以对家国天下的忧虑。我遣使考察四方，寻找政治盟友。但事实太打脸了，司马氏根深蒂固，实在难以撼动。不过星星之火还是有的。镇东将军毌（guàn）丘俭和扬州刺史文钦造反，让我看到了扳倒司马氏的一丝曙光。可惜啊，他们很快就被司马师剿灭了。后来，司马师也死了。

司马昭

他走了，还有我！我搞起阴谋诡计来，比我哥哥可高明多了。

曹髦

司马师的死对我来说是个机会。我秘密召见镇东将军诸葛诞，让他搞点儿动静出来，我好见机行事。

贾充

我早就怀疑这个诸葛诞不是个好人。我建议司马昭早做防范，不要让诸葛诞到扬州去上任。可惜他还是去了。

曹髦

贾充被司马昭收买了，到扬州去劝说诸葛诞入朝当司空。

贾充

我见到诸葛诞之后，故意试探他对司马氏的态度。没想到他却急了，骂我世受魏禄，不思报答，却谋划做对不起皇上的事。他还说，如果司马昭真的篡权，他第一个不答应。

曹髦

诸葛诞果然发布讨伐司马昭的檄文，起兵了。我当时老激动了，认为机会来了，我们里应外合，或许事情能成。我天天盼着诸葛诞的大兵攻入都城的消息。

司马昭

跟我斗，你们还嫩了点儿。你不是想里应外合搞垮我吗？好，我给你来个投鼠忌器。我强迫太后和皇帝亲自征讨诸葛诞，让你们自相残杀。

当司马昭拿着剑逼我上战场的时候，我只能打落牙齿和血吞。我辜负了诸葛诞，让他沦为阶下之囚。诸葛诞被斩后，天下再也没人肯为我出头了，一切都得靠我自己扛。但我绝不会像曹芳那样忍辱偷生。我会勇敢地拿起剑，捍卫我的尊严。

司马昭

没想到这小子还真挺热血的。

曹髦

有一天，我做了一个梦。梦中，我到了一座破庙中，里面蛛网密布，到处蒙尘。有一只白毛老鼠，正在啮咬一个灵牌。转瞬之间，灵牌被啮去大半。白毛老鼠狂笑不止。一个声音从深处传来，凄惨哀绝：“曹髦，见恶鼠啮我灵牌，你于心何忍？太庙将颓，贼臣当路，你不思奋起，还想忍辱偷生吗？……”我听到这话，定睛仔细观看那灵牌，只见上面刻着“魏太祖武皇帝曹讳操之灵位”，白鼠所啮乃是祖宗灵牌，我顿时悲从中来，呼天抢地。我从噩梦中惊醒，浑身尽湿。我突然感到时不我待。我召来侍中王沈、尚书王经和散骑常侍王业一起商量铲除司马昭的计策。谁想，贼子王沈、王业出宫就给司马昭送信去了。王经将这一情况告诉我，我决定立刻动手。

贾充

那天，曹髦带着百十个人从宫里冲出来，气势汹汹。我一见如此阵仗，心想着我要是能杀了他，在司马昭面前可是大功一件。我拦住曹髦，跟他战在一处。我毕竟老了，曹髦却剑光飞舞，越战越勇，我赶紧呼喊成济。

成济

当时情势紧急，我心中犹豫不决。曹髦毕竟是皇帝，我动手弑君，怎么说也是大忌。正当我拿不定主意的时候，就听贾充高喊：“养兵千日，用在一时，司马家事若败，汝等岂复有种乎？何不出击？”我一下醒悟了过来，上船容易下船难，我也只有站司马氏这边了。我上去跟曹髦血战，一刀把他刺死了。

司马昭

我心里乐开了花，嘴上却埋怨成济，让我担上了弑君的恶名！

曹髦

不成功，便成仁。我牺牲，我光荣！

曹髦知难而上，知其不可为而为之，不甘受辱，不惧生死。他用自己的生命证明了曹操的后代不都是瑟瑟缩缩的胆小鼠辈。曹髦的死，虽死犹荣。

< 发现　　朋友圈 

曹髦

有一天，我做了一个梦。梦中，我到了一座破庙，里面蛛网密布，到处蒙尘。有一只白毛老鼠，正在啮咬一个灵牌。转瞬之间，灵牌被啮去大半。

× × 年　　删除　　•••

成济

曹髦毕竟是皇帝，我动手弑君，怎么说也是大忌。

贾充

那天曹髦从宫里出来，我心想我要是能杀了他，在司马昭面前可是大功一件。

司马昭

我心里乐开了花，嘴上却埋怨成济，让我担上了弑君的恶名！

假如古代帝王有独白……

谥号里的大秘密

姓　　名：司马衷
庙　　号：无
生　　卒：259 — 307 年
出 生 地：今河南省洛阳市
民族族群：汉族
职　　位：西晋第 2 任皇帝

进入会场

司马衷

自辩榜 017 名 >

更多直播间 >

今天请来的嘉宾是晋惠帝司马衷。一句“何不食肉糜”让他成为中国历史上著名的白痴皇帝。他到底是不是个白痴呢？恐怕只有他本人能够说得明白。有请司马衷！

参加此次大会的还有司马炎、杨骏、贾南风、司马遹。

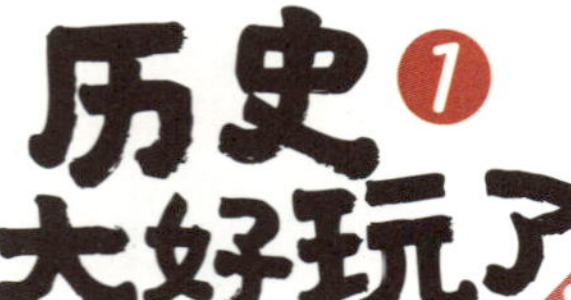

司马炎：晋武帝，西晋的开国君主

杨　骏：西晋初年权臣，外戚

贾南风：晋惠帝皇后

司马遹：晋武帝之孙

司马衷

大家好，我是晋朝第2任皇帝——司马衷。我的谥号是个“惠”字。懂得点儿历史的人都知道，历史上有三个谥号为“惠”的皇帝，除了我之外，还有汉惠帝刘盈和明惠帝朱允炆。汉惠帝刘盈，终身受制于吕后，不曾掌握帝皇权柄；明惠帝朱允炆被他叔叔朱棣夺了江山，最后下落不明。我一直在贾后、司马宗亲之中做傀儡，被世人和后人看作白痴，还把西晋灭亡的黑锅让我来背，比刘盈和朱允炆惨多了。看来，“惠”字表面上看是个不错的字眼儿，寓意“仁慈、柔顺”，但用到皇帝身上就不能从表面看了，而是隐喻“懦弱、优柔”。总之谥号为“惠”的皇帝都没有好下场，都是受制于人，身不由己。我说的这些话，如果你们不相信，尽可以打开《晋书·惠帝》认真读一下，写我的本纪里，充满了贾后如何乱政，司马诸王如何争权，晋朝百姓如何困难……我呢，仿佛只是一个符号、一个雕塑。这也就罢了，史官还送了一顶“白痴”的帽子给我戴，我情何以堪！

司马炎

我也不明白，他们把你说成白痴，岂止是侮辱你？简直是侮辱我！我作为堂堂晋朝的开国帝王，能选一个白痴当接班人吗？笑话！

司马衷

父亲，有时候我也想不通，我资质平平，能力一般，当个王爷还差不多，绝不是当皇帝的料，可您为什么偏偏选中我呢？

杨骏

傻外孙，你是嫡子，皇后杨艳的儿子，有我们老杨家给你撑腰，他敢换你吗？我们弘农杨氏，早在汉朝就是名门望族了，在社会上影响很大。你作为我们家的外孙，有什么理由不当皇帝！

贾南风

我们贾家也是你的坚强后盾！

司马衷

哼，贾家当然是我的坚强后盾了。我这皇帝不就是给你们贾家当的吗？

司马炎

说得好像你们什么都知道似的！

司马衷

其实，我心里明白，父亲的儿子多了去了，可靠的就有十八个，我不过是十八分之一。虽然占了嫡子的优势，但父亲难道看不出来我不具备当皇帝的资质吗？楚王司马玮、长沙王司马乂、成都王司马颖，他们哪个不比我强？

司马炎

儿啊，这你就说错了，他们再比你强，也没有嫡子的身份，光这一点就不行。

司马衷

我原先有个同胞哥哥，叫司马轨，可惜死得早，要不然我也不用赶鸭子上架了。哥哥一死，我倒成了嫡长子了，父亲坚持嫡长子继承制，我跑都没处跑。

司马炎

嫡长子继承制都是表面上的话，说说而已，一切都取决于当时的局势。刚才你外祖父说得在理。你虽然不是一个中用的人，但你身后的家族我不得不正视。弘农杨氏，汉末就是牛气哄哄的四世三公，名满天下，在士族中影响太大，晋朝草创，必须拉拢这些世族大家，否则坐不稳江山；我娶了你外祖杨骏的女儿杨艳，司马氏跟执士族阶层牛耳的杨氏联姻，这省却我多少镇压那些士族子弟的兵马啊！

杨骏

我的女儿做了晋朝的开国皇后，杨家一跃成为西晋第一外戚家族，我与我弟杨珧、杨济，号称“三杨”，权倾朝野。跺一下脚，晋朝都得颤三颤。

贾南风

等司马衷当上皇帝，我让你们老杨家都去啃草！再者说了，我们贾家也不是好惹的。我的父亲贾充，就是那个帮助司马昭杀死高贵乡公曹髦的大功臣，是司马昭的心腹。你们司马氏能够平定天下，我们贾家可是立下了汗马功劳。嫁个女儿给开国皇帝就很牛吗？呵呵。

司马炎

都是你们的功劳，我们姓司马的敢说什么！

司马衷

我有了杨家和贾家的背书，想不当这个皇帝也不能够了。

司马炎

你虽然不咋的，可你生的儿子司马遹我倒是挺喜欢。这小子聪明伶俐。我记得有一次宫中起了大火，我登上宫墙观看火势。年仅五岁的司马遹拉着我走到暗处说：“如此慌乱的局面，

您不应该站在亮处，以免有人趁乱做一些事情。”言谈举止，颇有我爷爷司马懿的风范，让我喜欢得不行。我想到将来的帝位终会传给司马遹，心里就稍感安慰。

司马遹

爷爷，你哪里知道，你死后没多久，我就因为得罪了贾南风而被她害死了。

贾南风

得罪我的都得死！

司马衷

太歹毒了！正因为她杀掉了太子司马遹，给赵王司马伦以口实，其发动兵变，诛杀贾南风，自己掌控朝政，由此拉开了“八王之乱”的大幕，最终导致西晋灭亡。对于这个女人，我什么话都不敢说。我这一辈子生生被这个女人挟制死了。

司马炎

这都是命！贾充帮助司马氏夺取了江山，他的女儿让我们丢掉了江山，一报还一报，前后不过半个世纪。

司马衷资质平平，不足以制衡贾后和那些狼兄奸叔，从而导致社稷沦丧，这不假；但说他是个白痴，未免就有失公允了。

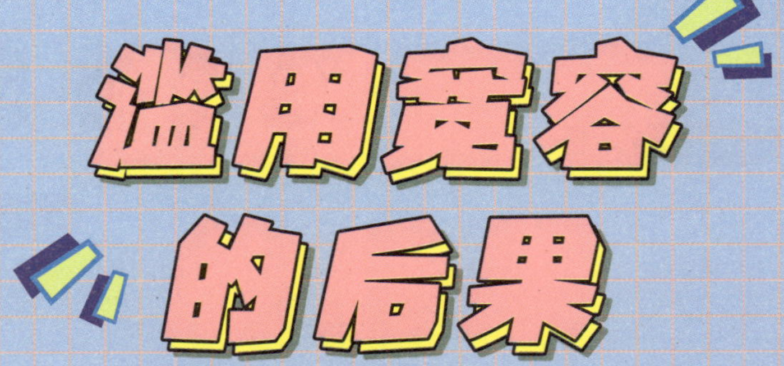

姓　　名：苻坚
庙　　号：秦世祖
生　　卒：338 — 385 年
出 生 地：今甘肃省秦安县
民族族群：氐族
职　　位：前秦帝国第 3 任国君、政治家、改革家

进入会场

苻坚

自辩榜 018 名 >

更多直播间 >

欢迎大秦天王苻坚莅临现场！作为本次大会的“主咖”，他曾经一度统一中国北方，但终因过度的宽仁而导致国家陷入混乱，自己也被勒死于佛寺之中。真相如何，有请苻坚一吐为快！

参加此次大会的还有苻生、苻融、王猛、慕容垂、姚苌、谢安。

历史太好玩了 1

苻　生：前秦帝国第 2 任皇帝
苻　融：前秦宗室大臣、政治家
王　猛：前秦时期大臣、政治家、军事家
慕容垂：后燕开国皇帝
姚　苌：后秦开国皇帝
谢　安：东晋时期政治家、名士

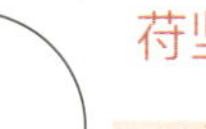

苻坚

大家好，我是氐族人，前秦是个由氐族人建立的国家，现在这个民族已经被湮没在历史的滚滚洪流中。据我的爷爷苻洪说，我出生的时候，后背上有“草付臣又土王咸阳”一句话。“草付臣又土”就是由我的名字“苻坚（坚的繁体字为堅）”二字拆解而成，预示着将来我会成为长安之主。爷爷非常喜欢我，亲昵地称呼我“坚头”。我七岁的时候，高平有个叫徐统的人，评鉴能力强，说我有霸王之相。

苻生

你有霸王之相，我有什么?

苻坚

我都懒得说你！爷爷死后，伯父苻健嗣位。此时的大秦已经牢固地占领了三秦大地，并积极地向外扩张。但继承伯父大业的是他的长子苻生，我这位堂兄可真不咋的。

苻生

父亲并不喜欢我，但他坚持嫡长子继承制，要不然哪有我当皇帝的份儿。

伯父很喜欢我。他授予我“龙骧将军”的称号，这可是我爷爷当初创业时候用过的名号，可见伯父对我寄予了厚望。

苻生

这一定是你编造出来的，为你篡位制造舆论支持。

苻坚

你要是英明神武，我能篡你的位吗？你天生眼睛不好，容不得别人说一句带有缺陷的话，像什么不足、不具、缺损、缺乏……只要被你听到，必死无疑。你这样倒行逆施、荒淫无道，我不反你，别人也会反你。我夺位之后，以宽仁治天下。我要继续开疆拓土，最终达到“混六合以一家，视夷狄为赤子”的宏伟目标。

王猛

我作为苻坚最得力的谋士，对他的雄心壮志是非常支持的。但是在当时的情况下，想要开辟这样的一份霸业，实属不易。东有鲜卑慕容氏建立的燕国，盘踞中原；西北有张天锡拥兵敦煌；西南有张育、杨光割据巴蜀；北方有匈奴残部，时而南侵；南方更是与东晋隔江对峙，桓温等东晋将领志在恢复，不时领兵北伐。大秦的处境不怎么好。

苻融

作为苻坚最信任的弟弟，我总觉得能够威胁大秦安全的只有鲜卑慕容氏。

慕容垂

我是燕国的宗室。太傅慕容评嫉贤妒能，不能容我。我设法逃到大秦避难。当时天王苻坚正想怀柔天下，就收留了我，对我百般器重。

王猛

我看在眼里，却暗自担忧。我坚信，非我族类，其心必异，何况慕容垂一代枭雄，此时只是难以立足于燕，无奈之下存身于秦。天王怎么能够收留他，而且还委以重任呢？龙终究要归大海，大鹏终究要上青天，慕容垂怎么会久居人下？

苻坚

王猛何许人也？“吾之诸葛”也。以他的眼光来看慕容垂，十有八九都是中肯的。他让我杀了慕容垂跟他的儿子，以绝后患。可惜我当时鬼迷心窍——我以仁义招揽才俊，为的就是建立不世之功，慕容垂前来投奔于我，我以赤诚相待，你要我杀掉他，天下人怎么看我？结果，现实无情打脸，差点儿要了我的老命。

王猛

唉，对敌人的宽容，就是对自己的残忍。

苻融

王猛为了杜绝后患，出兵灭掉了燕国。可惜的是，燕国被灭之后不久，王猛一病不起，走到了生命的尽头。

苻坚

天丧我！天丧我！让我失去了王猛。

苻融

王猛临死的时候，攀住我哥哥的胳膊，嘱咐道：“陛下，晋朝虽然僻处吴越，但依然是正朔相承。我死之后，不希望陛下攻打晋国。鲜卑慕容垂，羌虏姚苌，这才是真正的心腹大患，为了社稷永昌，宜早除之。”说完就死了。

苻坚

我真是后悔啊，两件事都没有听从王猛的遗愿。我当时真的搞不懂，王猛为什么坚持不让我攻打东晋？同时我在北方团结各个民族，鲜卑和羌族都对我俯首称臣，这种局面几百年来都很难得，他为什么要我尽早除掉慕容垂和姚苌呢？

慕容垂

这个王猛真是厉害。要是让他再多活几年，我肯定难逃一死。

姚苌

可不是嘛，他看咱们就跟看贼似的，恨不得分分秒秒就把咱们杀了。幸亏他死了，要不然咱们都没有“下回分解”了。

苻坚

王猛一死，我悲痛了好一阵子。可是我也有一种释然。之前我想伐晋，王猛横扒拉竖挡着不让。如今他死了，我伐晋的大计就可以提上日程了。

苻融

我秉承王猛遗志，力阻哥哥伐晋，可是我没有王景略（王猛字景略）的力度！

苻坚

我起兵八十万，投鞭即可阻断长江，就不信打不败东晋！

谢安

我下个棋的空儿，就能打败你！淝水之战，八万对八十万，

东晋完胜，你还有什么好说的。

苻坚

我好恨！恨我把王猛的话当耳旁风。淝水之战失败后，我恐怖地发现，一切皆如王猛所料。我的统一大梦完全破碎，前秦经此一役，陷入一蹶不振。我的弟弟苻融也死在了战争中。当初他劝我的话犹在耳边，我好心痛！东晋胜利了，又可以苟延残喘。慕容垂趁势坐大，有了翻盘的力量。姚苌隐藏了多少年，战后对我露出了獠牙……王猛啊，苻融啊，我怎么就听不进你们的话啊……呜呜呜。

慕容垂

我是有人性的，我虽然在淝水之战中坐山观虎斗，可等天王被打败了，我却去保护他。我的儿子慕容宝还劝我杀掉天王呢，我怎么肯？没有天王的宽容，会有我慕容氏的东山再起吗？

姚苌

我们姚家也算是西北一霸，后来被苻坚征服了。我投降后，在苻坚的眼皮底下，一忍就是十几年，取得了他的信任。战前，苻坚把“龙骧将军”的称号赐给我，还跟我说：“朕本以龙骧建业，龙骧之号未曾假人，今特以相授，山南之事一以委卿。”可是，我的心里只有复仇和复国。苻坚跟东晋大战，我保存实力，根本没参战。

苻坚

我万万没想到，我英明一世，临了竟会落到姚苌的手里。姚苌把我俘获，押到新平佛寺，向我讨要玉玺，我宁死不给。他就把我勒死了。临死的时候，我想起王猛，惭愧彻骨。

苻坚是被姚苌勒死的吗？苻坚是被自己的“宽容”勒死的。

< 发现 朋友圈 

壮烈天王

王猛啊，我对不起你，不该把你的话当耳旁风。

× × 年 删除 •••

王猛

陛下可曾记得，老臣叮嘱过您什么？

慕容垂

我没你们想象的那么残忍，好不好！

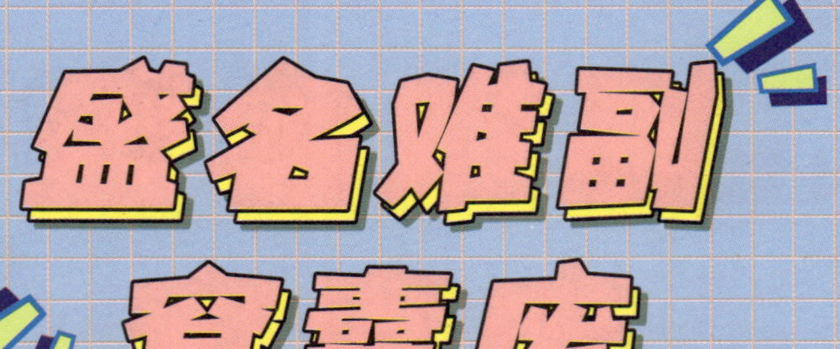

姓　　名：司马曜
庙　　号：烈宗
生　　卒：362 — 396 年
出 生 地：今江苏省南京市
民族族群：汉族
职　　位：东晋第 9 任皇帝

进入会场

司马曜

自辩榜 019 名 >

更多直播间 >

今天到场的嘉宾是东晋孝武帝司马曜。后世说他在位的时候，权归皇室，结束了权臣政治，可是他跟他的弟弟司马道子依然是争权不休，并没有有利于国家，而且，他死得很窝囊。真实情形如何，还得请本尊一吐为快！

参加此次大会的还有司马昱、桓温、谢安、司马道子、张贵人。

历史太好玩了 1

司马昱：东晋第8任皇帝

桓　温：东晋时期宰相、权臣

谢　安：东晋时期政治家、名士

司马道子：东晋宗室、宰相、权臣

张贵人：晋孝武帝司马曜的宠妃

司马曜

大家好，我是东晋第9任皇帝司马曜。说起来也是够悲催的，很多人认为，我是被我的一个妃子用枕头捂死的，当然这也只是史书上的一种说法，真实的死因恐怕是另外的情况了，让我慢慢来说吧。我是东晋开国皇帝晋元帝司马睿的孙子，我的父亲是简文帝司马昱。按照你们的逻辑，从我爷爷立国，到我这才三辈，差不多应该是第3任皇帝，怎么会是第9任呢？那是因为我爷爷司马睿死后，我大爷晋明帝司马绍即位，从而进入大晋朝频繁更换皇帝的状态。

桓温

东晋南渡后，有一句话叫“王与马共天下”，说的是士族王家跟皇室司马氏共同分享天下。其实，岂止是王氏，还有谢氏、桓氏，各路士族及外戚争权夺利，那真是你方唱罢我登场，只把司马皇帝当成摆设。

谢安

诗云：“旧时王谢堂前燕，飞入寻常百姓家。”王、谢两族在东晋的地位那是没的说，不是说晋朝是门阀政治吗？一点儿不假。司马家做皇帝，要是王、谢两族不满意，恐怕他也是坐不稳的。

司马曜

知道了吧？东晋从开国初，皇帝和皇室手里是没权力的，或者说皇权是受限的，立基的时候就是这样，后来还能好到哪儿去？值得我骄傲一下的是，当我在位的时候，我还真把皇权归皇族这事给办成了。我出身低贱，母亲是个昆仑奴。当初父亲面临着绝嗣的危险，好不容易才生下了我。虽然我是老六，但实际上却是他的长子，上面哥儿五个都挂了。我下面还有个弟弟，司马道子。因此当晋哀帝司马丕驾崩后，琅琊王司马奕继位。琅琊王爵位空缺，由我父亲去接任，我也被封为会稽王。

司马道子

我家的故例，皇帝都从琅琊王中出。我父亲去当了琅琊王，就意味着未来的皇位就是他的了，兴许我也有希望当一届，可是，我上头还有个哥哥呢。

桓温

我当时在朝中说一不二，是个大大的权臣。我看司马奕不顺眼，就以他没有后嗣为由，把他给废了，让琅琊王司马昱继位，就是传说中的简文帝。

司马昱

我是烂泥被扶上了墙，桓温怎么摆弄怎么算。我当皇帝也没干啥大事，反正也只干了半年多，不过总算有一件事还算说得过去，就是在王、谢两族的支持下，把司马曜册立为太子。我当时心想，我是桓温立的，曜儿是王、谢两家立的，以后的朝廷上，一定热闹得很！

司马曜

　　我即位后，娶了王蒙的孙女王法慧为后。我当时才十四岁。东晋的实权掌握在太原王氏和陈郡谢氏两大家族手中。谁知我的这个皇后竟然是个酒鬼，而且天性奇妒无比。她每饮必醉，醉了就发酒疯。我实在受不了。好在没过几年，她就喝死了，除去了我的一块心病。我当然还有另一块心病，那就是高门士族对皇权的侵夺。我不甘皇权旁落，就趁着高门士族之间的倾轧，顺势巩固皇权，排挤高门士族，悄悄地强化皇权，重用宗室。谢安去世后，我委任我弟弟司马道子负责都督中外诸军事，还让宗室谯王司马恬为尚书右仆射、镇北将军，实现“政出王室，人无异望”的目标。

司马道子

　　可以说，我哥哥在位的时候，是东晋皇权最强大的时期。可惜我哥哥这人不着调，不珍惜来之不易的大好局面，反而沉溺于酒色享乐之中，最后竟然被妇人害死。

张贵人

　　那能赖我吗？你们一伙坏人看他深藏后宫，沉溺酒色，就觊觎大权，胡作非为。权柄是归于皇族了，却旁落在你们的手里，你哥是个糊涂蛋。

司马道子

谢谢你帮我们除掉他。

司马曜

说起来我就冤啊，我当时不过是开了个玩笑。

张贵人

我不过三十岁的年纪，你就说嫌弃我，还说要换了我。我一时想不开，就痛下杀手，事后我也是非常后悔！

司马曜

真的不是我弟弟司马道子买通并指使你这么做的？

司马道子

那就不干你的事了。告诉你吧，你一死我就把你的傻儿子扶上皇位，我成了太傅和摄政王了。

司马曜一死，谁获利越大，谁的嫌疑就越大，凡事不能只看表面。司马曜所处的时代算是东晋最好的时代，没有强藩，正是振兴皇权的好时候，可惜他缺乏政治远见和抱负，白白地浪费了大好机会。

司马曜

 ××年

真的不是我弟弟司马道子买通并指使你这么做的?

 6 喜欢　　2 评论

张贵人

我不过三十岁的年纪，你就说嫌弃我，还说要换了我。我一时想不开，就痛下杀手，事后我也非常后悔!

司马道子

那就不干你的事了。告诉你吧，你一死我就把你的傻儿子扶上皇位，我成了太傅和摄政王了。

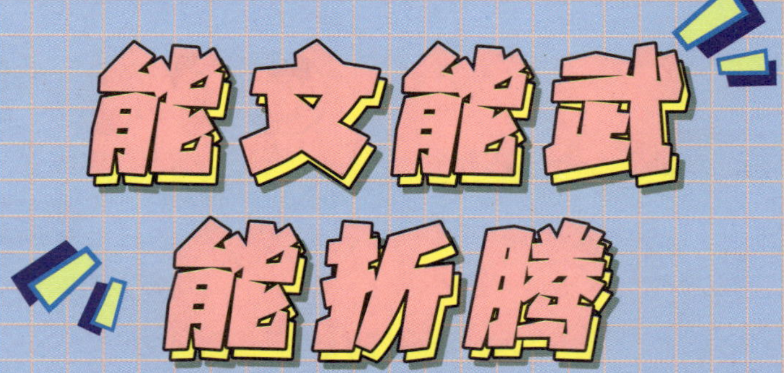

姓　　名：杨广
庙　　号：隋世祖
生　　卒：569 — 618 年
出 生 地：今陕西省西安市
民族族群：汉族
职　　位：隋朝第 2 任皇帝

进入会场

杨广

自辩榜 020 名 >

更多直播间 >

今天请到的嘉宾是历史上有名的“昏君”——隋炀帝杨广。在世人眼中，此君无恶不作，乏善可陈，简直与禽兽无异。可是本尊却不这么认为。他有一肚子苦水要倒。有请——隋炀帝杨广，一吐为快！

参加此次大会的还有杨坚、杨勇、李渊、李世民、杨玄感、宇文化及。

杨　　坚：隋朝开国皇帝
杨　　勇：杨坚的长子
李　　渊：唐朝开国皇帝
李 世 民：唐太宗，唐朝第 2 任皇帝
杨 玄 感：隋朝将领、大臣
宇文化及：隋末群雄之一

杨广

大家好，我是杨广。历史上“臭名昭著”的亡国之君，我要说排第二，恐怕没人敢排第一。胡亥是秦二世，我是隋二世，历史总是惊人地相似。提起我，人们首先想到“荒淫无度”四个字。对于如此“美名”，我要感谢两拨人：一拨是李渊、李世民父子，他们把我抹得不能再黑了！另一拨就是颜师古、齐东野人这些后世的作家。前者写出了《大业拾遗记》，后者写出了《隋炀帝艳史》，都是以我为主角创作的“佳作”，大大地给我“添光加彩”！

李渊

我们可是进行了大量调查取证的，你在位时的所作所为，我都是亲眼见证者，你还想抵赖吗？

杨广

胜利者是不受谴责的，谁让唐代隋了呢？可你们也太损了吧，把我贬得一无是处。我真的是那个样子吗？恐怕你心里也在打鼓吧？

李渊

我不把你搞臭，怎么收拢民心啊？表弟，你可得体谅我啊！

杨广

别管我叫表弟，老伤心了。竟然给我谥了个“炀”字。在《谥法》中：“好内远礼曰炀，去礼远众曰炀，逆天虐民曰炀，好大殆政曰炀，薄情寡义曰炀，离德荒国曰炀。”这里面有一个褒义词吗？你们也忒歹毒了。今天，我来到这儿，就是想向世人证明我其实是担不起这个“炀”字的。先说说我的武功，我能征惯战可不是吹的，这一点我父亲可以做证。

杨坚

我儿杨广此话不虚，他可谓少年虎将，曾帮我攻克南陈。当时大家认为长江天堑无法逾越，灭陈朝是比较困难的事，但在我儿杨广的指挥下，隋军军纪严明、英勇杀敌，消灭陈朝，完成了国家统一大业。我最后选他做储君，不是没理由的。

杨勇

父亲，您这么说，完全不在乎我的感受了吗？

杨坚

你难道有话要说？

杨勇

当然有！当初，我好学宽仁，率意任情，不喜欢虚伪矫饰，就因为穿了装饰花纹的铠甲，您就说我奢侈浮华；母亲也不喜欢我，我的妃子死了，她就派人监视我；弟弟杨广更是厉害，伪装得天衣无缝——侍妾只是凑够数量，车马侍从都俭约朴素，恭敬地应对朝臣，礼节极其谦卑，因此获得了父母的青睐。他结党营私，对我大加陷害，最终篡夺了储君之位。

杨坚

这些往事又何必提起呢！

杨勇

我就是想让您知道，如果换我做这个隋二世，一定不会亡国！

杨广

我就知道你想说这个。我可不想在这儿跟你聊那些陈谷子烂芝麻的往事，无非是说我先陷害你夺了太子之位，然后又把父亲害死继了皇帝之位。你爱咋说咋说吧。反正是我当上了隋朝的皇帝，还建立了一番旷世功业。其中最值得一提的就是我下令开凿了大运河，连通永济渠、广通渠、通济渠、邗沟、江南河，造就了长达五千多里的水网，使大隋南北经济浑然一体，可以说是功在千秋！

李世民

功在千秋不假，耗费了无数的民脂民膏也不假。

杨广

做大事者，不得已劳民伤财，秦皇汉武也是这样。我还积极推进科举考试，使得天下读书人不再受制于门阀士族的限制，这也是利在千秋的大好事。古人讲，瑕不掩瑜。你们满眼都是我的“瑕”，一点“瑜”都看不见。我的“瑜”可不光打仗、修渠、搞科举，说老实话，我还是个文学家。我可不是吹牛，我的才情，可是历朝历代的皇帝都难以企及的。我现在给大家吟诵一下我写的《饮马长城窟行示从征群臣》：

肃肃秋风起，悠悠行万里。
万里何所行，横漠筑长城。
岂台小子智，先圣之所营。
树兹万世策，安此亿兆生。
讵敢惮焦思，高枕于上京。
北河秉武节，千里卷戎旌。
山川互出没，原野穷超忽。
撞金止行阵，鸣鼓兴士卒。
千乘万旗动，饮马长城窟。
秋昏塞外云，雾暗关山月。
缘岩驿马上，乘空烽火发。
借问长城侯，单于入朝谒。
浊气静天山，晨光照高阙。

释兵仍振旅，要荒事万举。

饮至告言旋，功归清庙前。

怎么样？恢宏大气、荡气回肠吧！我这首诗放在唐朝，恐怕也称得起——孤篇压全唐吧！

李世民

这个我服！这样的好诗，怎么也猜不到是你这个残暴之君所作，真是让人匪夷所思。

杨广

我究竟是个怎么样的人，你们爷儿俩心里没点儿数吗？还在这里装蒜！你们唐朝那个张若虚，写了一篇《春江花月夜》，享誉全唐。那么，我现在朗诵一下我当年所作的一篇同名的诗：

暮江平不动，春花满正开。

流波将月去，潮水带星来。

夜露含花气，春潭漾月晖。

汉水逢游女，湘川值二妃。

我要说张若虚是从我这儿得到了灵感，恐怕就是张若虚本人也不敢反驳吧？

杨玄感

你这么厉害，为什么还会亡国？

杨广

我为什么会亡国，不得问你吗？我向来崇拜秦皇汉武，希望开创秦汉般的事业。我一即位，就改年号为“大业”。我曾经率领隋朝军队，穿越海拔近四千米的祁连山，到达了西域的最西边，而且在燕支山大摆宴席，招待高昌王鞠文泰及西域各国大臣和使者，以及武威、张掖等地的百姓。李世民的天可汗也要逊色三分。我做了十四年的皇帝，一直东奔西走，四方巡游，待在长安的时间还不到两年，住在洛阳的时间也不过三年多。

杨玄感

你要建功立业，你要征服异邦，哪管天下洪水滔滔！大隋的灭亡就是因你东征高句丽而引发的。

杨广

我是执行父亲的遗志。

杨坚

是啊，当初因为高句丽与靺鞨两个小国起兵进攻我辽西，我派遣汉王带三十万隋军反击他们。可惜没能彻底解决高句丽问题。

杨广

为了完成我父亲未竟的事业，我决定彻底征服高句丽。为此，我起大兵三十五万，集结在涿郡。

李世民

高句丽问题由来已久，何止你不行，我、我儿子、儿媳都派兵去攻打过，损兵折将不说，还耗费了国家大量的财富。

杨广

在这点儿上，咱俩达成了共识。高句丽虽然是小国，却是硬骨头。我堂堂三十五万大军竟然惨败，最后只有两千多人生还，几乎全军覆没。后来，我痛定思痛——高句丽靠近海域，要想取得胜利，海战必须得打好。隋朝军队不擅海战，焉能不败！第二次东征，我吸取教训，重视海战，取得节节胜利，谁想，后院失火！

杨玄感

杨广东征引发国内形势紧张，权贵和受苦的百姓摩拳擦掌，都想起来造反。我趁势扣下军粮，率先造反。

杨广

唉，第二次东征就这样功败垂成，可悲可叹。当我剿灭了

杨玄感，组织第三次东征的时候，虽然很快扫平了高句丽，可千疮百孔的大隋也大厦将倾了。李渊、王世充等握有实权的贵族，割据一方，趁机要抢我的江山。各地的农民起义军也此起彼伏。我没办法，只好逃到扬州，试图收拾残局。

宇文化及

你想多了，你太孤傲了，大势已去还自欺欺人，在扬州的宫殿里，揽镜自照，自言自语说：“这么好的一颗头颅，将来会是谁来砍下呢？”

杨广

朕这颗头，没想到竟便宜了你这个狗贼！

宇文化及

我澄清一下，我并没有砍下杨广的头，而是将他缢死的。我当时是大隋皇帝的头号保镖，干这事最方便了。

杨广

都怪我过分追求功业，唉……

评价一个人要客观、立体、丰富，不能够一叶障目，更不能只认瑕疵，不识美德。隋炀帝营建东都、开凿大运河、打通“丝绸之路”、西巡张掖、开发西域、攻打辽东……建立万世殊勋，虽有为人所不齿者，但不能把他的功业全部抹杀。

杨广

 × × 年

朕这颗头，没想到竟便宜了你这个狗贼！

 6 喜欢  2 评论

宇文化及

我澄清一下，我并没有砍下杨广的头，而是将他缢死的。我当时是大隋皇帝的头号保镖，干这事最方便了。

杨玄感

你都这么厉害了，怎还会落得如此下场？

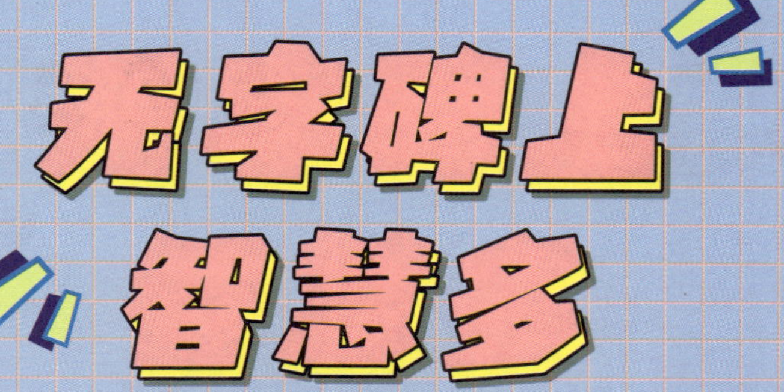

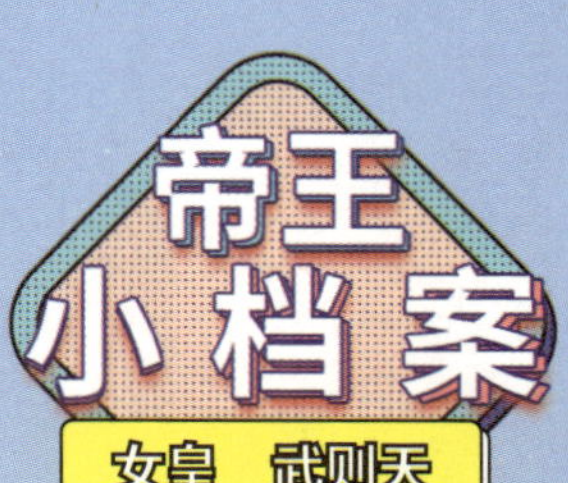

姓　　名：武曌（zhào）
庙　　号：无
生　　卒：624 — 705 年
出 生 地：今陕西省西安市
民族族群：汉族
职　　位：中国历史上唯一正统的女皇帝

进入会场

武则天

自辩榜 021 名 >

更多直播间 >

今天到场的嘉宾有点儿特殊，之前进行吐槽的都是男性皇帝，今天却是一位女皇——中国历史上唯一的女皇帝武则天。她上承“贞观之治”，下启“开元盛世”，称得上一代明君。但自古名满天下，毁谤随之，相信武则天对此深有体会，且听本尊一吐心中块垒。

参加此次大会的还有李世民、李治、太平公主、骆宾王、狄仁杰。

历史太好玩了 1

李世民：唐朝第 2 任皇帝

李治：唐高宗，唐太宗之子

太平公主：唐高宗与武则天之女

骆宾王：唐朝诗人，初唐四杰之一

狄仁杰：唐代政治家、武周时期的宰相

武则天

大家好，我是大周帝国的开创者武则天，是唐太宗李世民的才人，唐高宗李治的天后，唐中宗李显和唐睿宗李旦的母亲，唐少帝李重茂和唐玄宗李隆基的祖母。放眼望去，和我有关系的人都是龙子龙孙。

李世民

武才人，这也值得吹嘘，不都是朕的子孙后代吗？我说什么了！

武则天

不好意思，虽然都是您的后代，但其中有十几年的时间，我改唐为周。在此期间，我对你们李家的态度只有一个，那就是挡我者死。

李治

媚娘，你在我死后真的自己干了？

武则天

人生如白驹过隙，不自己干，怎么对得起有限光阴呢！

李治

我活着的时候就看好你！

李世民

李治，你作为我的儿子，你说这话不怕打雷把你舌头劈了吗？

武则天

你们爷儿俩就不要吵了，我能当上女皇，都是我努力的结果，跟你们有什么关系！我登上龙椅的道路崎岖坎坷，至今想来犹让我心酸。唐太宗死后，我被送入感业寺为尼，心中万念俱灰——我原本是个不入流的宫人，如今被迫当了尼姑，每日与青灯古佛为伴，不知道何年何月才能熬出头。

李世民

你当年帮我驯服狮子骢，我也有心要提拔你。

武则天

我也有对不住您的时候。您晚年卧病，我跟太子李治有了感情。我在感业寺出家的时候，天天盼着李治来拯救我。我还给他写了一首诗：“看朱成碧思纷纷，憔悴支离为忆君。不信比来长下泪，开箱验取石榴裙。”希望他别忘了我。

李治

我前往感业寺进香，目的就是把你拉出火坑。当然这里面也有王皇后的功劳。她为了跟萧妃争宠，想引入你这个“外援”。

武则天

请神容易送神难，我岂是甘心给别人当嫁衣裳的？我帮王皇后斗倒了萧妃，立刻掉转矛头，对准了王皇后。

李治

媚娘，难道权力对你来说就这么重要吗？

武则天

对，无比重要。没有权力，一切都是白搭！萧妃被废后，我被封为昭仪，那是九嫔之首。可那并不是我的目标所在，我的目标是成为万众瞩目的皇后！

李治

为了扶正媚娘，我也是煞费苦心。因为皇后的废立，并非易事，后面牵扯着先帝为我选择的一帮顾命大臣，其中就包括我的舅舅长孙无忌和元老重臣褚遂良。这两个人都坚决反对我“废王立武”。最后幸亏老功臣李绩出面，表示立后是帝王家事，外人不能干预。

武则天

李绩一句话点醒了我的夫君李治。他力排众议，把我立为皇后，并且把力阻我上位的褚遂良远远地发配了。这一年我三十岁，完成了从尼姑到皇后的逆袭。按照常理，我也该知足了，可是谁让我并非常人呢！

太平公主

我母亲可是个有大志向的人。

武则天

还是我的女儿了解我。后宫成为我的地盘后，我开始打理前院——那些曾经阻挡我的朝廷重臣，我一个也不会放过。李治也会帮我，因为如果这些重臣在，他不好施展手脚。首当其冲的就是李治的舅舅、关陇世家的头子长孙无忌。他被我们贬得远远的，无法再参与朝廷的决策。太子李忠也被废掉，换成了我的儿子。恰在这个时候，李治病倒了，整天头疼，我只能“勉为其难”地代替他处理政务。

李治

失去了权臣的掣肘，我本可以大胆施政，锐意改革。可是身体却不允许，幸好有媚娘可以助我。

武则天

咱俩同时出现在朝堂上，美其名曰“二圣临朝”，但其实都是我说了算，你只是点点头罢了。

李治

哎哟……我头风病又犯了。你为了显示威仪，竟然跑到泰山去封禅，成了历史上第一个主持封禅大典的女性，视我如同空气，真是把我气死了。

武则天

我还不是投桃报李，策划你为天皇，我为天后，还是尊重你的。当然了，我也培植了自己的政治班子，号称“北门学士”，分割宰相的权力。

李治

这事我都知道，我以为你下一步，就该把我赶下台了。

武则天

天皇，你太高看自己的身体了，还用我赶你下台吗？你自己就乖乖地走了。你崩逝后，李显继位为唐中宗。此子智商堪忧，竟然在他老婆韦后的怂恿下，想把帝王家业让给他的岳父韦玄贞，差点儿没把我气死。我岂能容他，皇帝我也照贬不误。

我还有儿子李旦呢，我让他继位为帝，是为唐睿宗。这个儿子深明事理，知道他不过是来当个傀儡，因此老老实实地不吭声。最后我野心难禁，干脆自己当这个皇帝算了，于是历史上第一位女皇就诞生了。我要说明的是，我坐的可不是他李家的龙椅，我建国号为“大周”，我是大周的开国女皇帝。

骆宾王

武后称帝的消息传来，举世哗然。功臣之后徐敬业率先起兵讨伐。他找到我，让我写一篇檄文，为讨伐武周壮声势。我作为“初唐四杰”之一，想到女人篡权，心中义愤填膺，洋洋洒洒地写下一篇雄文——《为徐敬业讨武曌檄》：“……一抔之土未干，六尺之孤何托？倘能转祸为福，送往事居，共立勤王之勋，无废大君之命，凡诸爵赏，同指山河。若其眷恋穷城，徘徊歧路，坐昧先几之兆，必贻后至之诛。试看今日之域中，竟是谁家之天下！”

武则天

当我读到这篇檄文的时候，先是大怒，然后大骂。怒的是这小子写的这些话太不好听了，简直是揿我的老底，揭我的丑事；骂的是，朝廷这些官员简直是睁眼瞎，放着这样的人才不去笼络，竟然被徐敬业那个狗贼用了！我决心铲除他，而且正好借机，消灭政敌。对付政敌，我向来是两个办法，一是鼓励告密，二是重用酷吏。酷吏就如同我豢养的打手，专门不择手

段地办理肮脏事情。然后我再在恰当的时候出面，惩治一下这些酷吏，反而更能收获臣心和民心，树立我英明伟大的形象。这些都是做帝王的不传之秘，今天我也豁出去了，跟大家分享一二。

狄仁杰

武则天作为一代女皇，虽然在肃清政敌方面过于阴狠歹毒，但在治理国家方面是个能手，可以说是一位女政治家。在用人方面，她扶植寒门庶族，网罗天下人才，首开殿试武举，为普通百姓提供更多的机会；经济方面，她重视农桑，组织编写《兆人本业记》，将农业作为地方官员的考核重点；在军事方面，收复安西四镇，维护“丝绸之路”，屡平边患，基本维护了帝国的统一。在女皇统治期间，社会安定，人口保持较高的增长率，成功保障了大唐从“贞观之治”向“开元盛世”的过渡。

武则天

知我者，狄仁杰也！到了风烛残年，大位交付与何人，让我烦心。幸亏，狄仁杰的一番话警醒了我。

狄仁杰

我当时就问了女皇一句话，天底下有侄儿给姑姑立庙的吗?

武则天

一句话点醒梦中人，我若是把帝位传给武家人，我死后连血食都没有！因此，我决定还政给李家。我派人秘密接回李显，立为太子。本来归还权力只是时间问题，偏偏因为我的私德闹出了事情。

狄仁杰

“神龙政变”发生时，女皇已经垂垂老矣。太子李显在大臣张柬之的支持下，发起兵变，逼迫女皇退位。同年，女皇病逝。遗诏中省去了帝号，称为“则天大圣皇后”。

武则天

我的遗愿，是与高宗合葬于乾陵。陵前要立一块无字碑。我的功过，也只能留给后世评说了。

回顾武则天的帝王之路，真是大丈夫也有所不及。死后空余无字碑，功过留待后人说，彰显了一代女政治家的智慧和胸襟。

武则天

 × × 年

人生如白驹过隙，不自己干，怎么对得起有限的光阴呢？

 6 **喜欢**  3 **评论**

李治

为了扶正媚娘，我也是煞费苦心。

狄仁杰

武则天作为女皇，虽然在肃清政敌方面过于阴狠歹毒，但在治理国家方面是个能手，可以说是一位女政治家。

李世民

你当年帮我驯服狮子骢，我也有心要提拔你。

假如古代帝王有独白……

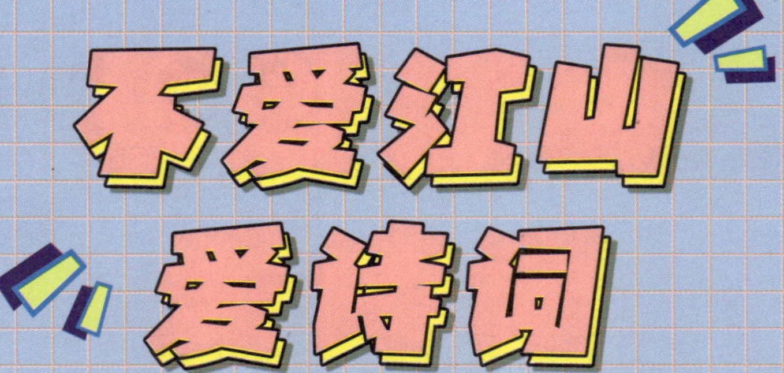

姓　　名：李煜
庙　　号：无
生　　卒：937 — 978 年
出 生 地：今江苏省徐州市
民族族群：汉族
职　　位：南唐最后一任国君、词人

进入会场

我看谁敢欺负这孤儿寡母？

当个王爷不好吗？为什么都逼我？

呜呜呜，我也是身不由己啊。

早知如此，何必当初。

后世会记住你是个填词高手。

李煜

自辩榜 022 名 >

更多直播间 >

今天前来的帝王是南唐后主李煜。他创作的词是一流的，他的小朝廷却风雨飘摇，后来被宋灭掉，他也被宋太宗毒死。江山不幸诗家幸。李后主如何评价自己的一生呢？有请本尊一吐为快！

参加此次大会的还有赵匡胤、赵光义、李璟、徐铉、小周后。

赵匡胤：北宋开国皇帝

赵光义：宋太宗，北宋第 2 任皇帝

李　璟：南唐中主

徐　铉：南唐大臣

小周后：南唐后主的皇后

李煜

人生最大的悲剧，就是做违背自己心愿的事。帝王非我愿，我却要为这个称号背负亡国的骂名。

赵匡胤

小李，命运让你我相遇，注定你要经历强敌。

李煜

相较于外部的强敌，我更害怕内部的争斗。我哥哥李弘冀和叔叔李景遂为了皇位斗得两败俱亡，我才被迫坐上了龙椅。而在我的心里，觉得当个王爷就挺好。

李璟

选你也是没有办法的办法，谁让他们为了皇位都争死了呢。我爱好填词也就罢了，你也爱好，就不怕后世说咱们父子是因为填词而亡国的吗？

李煜

后世怎么说，我有什么办法！

赵匡胤

后世只会记住你填的词好，谁会记住你亡国呢！

李璟

老赵，你的话我可不敢苟同。后世记住了你建立大宋不假，可也记住了某年某月某日你在陈桥驿黄袍加身，欺负了人家孤儿寡母。

赵光义

那是天命所归。

李璟

也记载了某年某月，大宋皇宫“斧声烛影”，亲弟弟砍死了亲哥哥。

赵光义

哥哥，别信他说的，那都是野史。

李璟

老赵比我早当一年皇帝。他建立宋朝后，开始谋划着统一天下。江南这些个杂七杂八割据的小朝廷都要一一被收拾了。南唐当然也不能幸免。

赵匡胤

南唐最棘手，因为有长江天堑。我只有先把荆湖、后蜀、南汉、南平和吴越拿下，才能迫使南唐投降。

李煜

我太不幸了，偏偏生在了帝王之家，要对江山社稷负责。我每天都快愁死了，只有回到大周后身边，我才感觉自己是自己。大周后精通音律，让我对她产生了深深的依赖。

赵匡胤

我对这位李后主也多有耳闻，辞藻艳丽，不输其父，风花雪月，更胜一筹，可惜不懂治国。不过这对我来说，可是个大大的好消息。

李煜

我会怕你？金陵有长江保护，你能奈我何！

赵匡胤

小子，你懂什么！真正牢不可破的是民心，懂不懂？你们父子俩就知道填词，民心早已丧失殆尽。我出兵之前，就在京师修建了礼贤宅，富丽堂皇，期待着你早日“乔迁”。

李煜

你的心思我明白，就是想让我投降。我傻吗？你先打过长江再说！

赵匡胤

敬酒不吃吃罚酒。我大宋军队也不是吃素的。大将曹彬和潘美在长江上架起浮桥，出其不意地渡过长江，陈兵金陵城下。

李煜

我当时简直不敢相信自己的耳朵。不是有长江挡着吗？十万宋军怎么会跑到金陵城下了呢？我当时还认为这不过是赵匡胤逼我投降的政策，只要我守住金陵，他就无法奈何我。我赶紧调兵来守金陵，没想到援军将领是个饭桶，想用火攻，却误判了风向，把自己的军队给点着了。最后，无可奈何，我只好投降。

赵匡胤

小子，还嘴硬吗？早早投降，不省得生灵涂炭吗？

李煜

你还是小心你弟弟的斧头吧。

赵匡胤

你说你投降后，我给你个什么封号好呢？为了给你封号，可费了我的脑细胞了。只有“违命侯”这个封号最适合你了。

李煜

我被俘到了开封，才是屈辱的开始。老赵为了“款待”我，举行盛大宴会。席上，他问我：“朕闻卿在江南喜欢作诗，能否举出最为得意的一联供朕欣赏？”我当时还傻不拉几地背诵了一首我自己写的《咏扇》诗中的一联：“揖让月在手，动摇风满怀。”老赵放声大笑：“哈哈！妙哉！试问，‘风满怀’究竟有几何？”随后，他对一个臣下说：“好一个翰林学士！李煜当初倘若能以作诗的功夫治理国家，今日又怎能沦为朕的阶下囚？”我当时羞赧不已，恨不能找条地缝儿钻进去。

赵光义

真的羞赧吗？我怎么没看出来。

李煜

后来赵光义发动宫廷政变，在“斧声烛影”中杀死了赵匡胤，夺位成功。赵光义即位后，废除我“违命侯”的侯爵，改封“陇西郡公”。从表面上看，由“侯”晋“公”是升官了，事实上，我所承受的耻辱更大了。

小周后

我被迫入宫，受尽屈辱。回来后，我跟李煜只有抱头痛哭。

李煜

国破之仇，家散之恨，夺妻之耻，受囚之辱，如匕首刺在我的心房，让我生不如死，却没有死的勇气。

赵光义

你不想死，我也不能容你了。我可担心你会阴谋复国。

徐铉

在李煜生日的那一天，我被派去问候他。我是南唐旧臣，到了陇西郡公的府邸，打了问讯。李煜一看我来了，陈年往事涌上心头，好不伤感。我心想，早知如此，何必当初呢？

李煜

我见到老臣，差点儿没哭出来。我问徐铉，怎么不来看我啊？徐铉却说："郡公啊，你我同殿称臣，旧时的称呼还是改一改吧。"郡公！一下子提醒了我囚虏的身份，我再也抑不住悲声。

徐铉

感觉李煜像是疯了，先是哭，后来笑，笑完了又哭，哭完了又笑。我吓得无语，向前扶住过于激动的李煜。

李煜

我推开徐铉，然后用悲痛、低沉、凄迷、伤感的语调吟唱了一阕我新填的词。

春花秋月何时了？
往事知多少。
小楼昨夜又东风，
故国不堪回首月明中。

雕栏玉砌应犹在，
只是朱颜改。
问君能有几多愁？
恰似一江春水向东流。

赵光义

徐铉把这阕《虞美人》呈给我看，我简直气坏了。什么“故国不堪回首月明中”，这不是明摆着思念故国、欲图再起吗？

李煜

真是欲加之罪，何患无辞！我但凡有一点儿“欲图再起”

的心，何致落一个国破家亡的后果？为了给我庆生，小周后和几个侍女排演《虞美人》。徐铉递上御酒，说是赵光义赐给我的。我心里明白了，这是要送我走。我悲从中来，端起酒杯，仰望苍穹，声嘶力竭地唱着："问君能有几多愁，恰似一江春水向东流……"歌声冲向云霄，划破宇宙，我想用尽浑身的力气让赵光义听到我的歌声，可惜了——我的五脏六腑之内，犹如巨浪翻腾，从头至脚，痛彻骨髓。慢慢地，头和脚开始扭曲，肌肤的颜色变得铁青。再过一会儿，头脚相抵相触，整个身体竟围成一个圈状。

赵光义

开玩笑，这可是传说中的剧毒——"牵机毒"。一滴就能要了你的小命，何况是一杯！这下你可以跟你的大周后到地下团圆去了。

李煜有一句话，"天教心愿与身违"，是他内心的真实写照。正是这种"违背"，成就了他一代词宗的地位，也使他背负了亡国之君的千载骂名。江山不幸诗家幸，诚不我欺。

小剧场

揖让月在手，
动摇风满怀。
哈哈！
身负千古骂名，江山不幸诗家幸，诚不我欺。
无语……
赐酒！
虞美人

假如古代帝王有独白……

姓　　名：朱允炆
庙　　号：明惠宗
生　　卒：1377—?
出 生 地：今江苏省南京市
民族族群：汉族
职　　位：明朝第 2 任皇帝

进入会场

能不能一步步来，谨慎为妙。

真不知道你是哪头儿的！

我大胆押宝一试。

论能力怎么也该轮到我。

我大明江山固若金汤。

朱允炆

自辩榜 023 名 >

更多直播间 >

今天邀请的嘉宾是建文帝朱允炆。他是明太祖朱元璋的孙子，明成祖朱棣的侄子。靖难之役中，叔叔夺了侄儿的江山。其中多少阴谋诡计和悲痛血泪，只有亲身经历的人最有发言权。且听本尊一吐为快！

参加此次大会的还有朱元璋、朱棣、姚广孝、齐泰、黄子澄。

历史 7 太好玩了

朱元璋：明太祖，明朝开国皇帝

朱　棣：明成祖，明朝第 3 任皇帝

姚广孝：明成祖的谋臣

齐　泰：建文帝的大臣

黄子澄：建文帝的大臣

朱允炆

大家好，我是明朝第 2 任皇帝朱允炆。我这么年纪轻轻就能当上皇帝，是因为我父亲朱标死得太早了。太子早死，太孙上位，我就这样成了储君。爷爷朱元璋努力把我培养成一个“仁君”。为了让我坐稳龙椅，他老人家不惜发动大狱，把那些功臣都清理干净。可是他老人家也有失算的时候——我的那些叔叔也不好惹啊！

朱元璋

外有强藩作为屏障，内有仁君打点江山，大明的江山就是固若金汤。

朱允炆

可惜不是每一位皇帝都叫朱元璋！您活着的时候能够镇住这些藩王，您一旦不在了，谁还能控制得了他们？

朱元璋

这倒是我始料未及。我这几个儿子，哪个是省油的灯？尤其是老四，防御鞑靼，手握重兵。

朱棣

大哥朱标一死，我以为父亲一定会在藩王中选择一个能力

突出的为储君。我心里乐开了花，我不正是最佳人选吗？父亲除了我哥哥，最喜欢我了。谁想到，乳臭未干的朱允炆当了储君，真是气煞我也。

朱元璋

你哪里知道，朱允炆书读得好，仁慈知礼。要是你不觊觎皇位，他兴许也是个很不错的守成君主。

朱棣

父亲，这也不能全怪我，谁让这小子急着要削藩呢？

朱元璋

唉，功臣都被我杀尽了，本想着大明朝固若金汤，朱允炆垂拱而治罢了。我怎么也想不到你会造反！

朱允炆

爷爷，我当时曾提醒过您，如果异族入侵，有叔叔们对付；如果叔叔们有异心，谁来对付？您陷入沉默，过了好一阵子，反问我，你以为呢？我说，我要先礼后兵。

朱元璋

我最不愿意看到叔侄之间兵戎相见了，但我能说什么呢？

毕竟都是猜测，我只好安慰朱允炆，说他的办法是最好的办法。

朱允炆

我心里非常焦虑，感觉只要爷爷一死，叔叔们就会造反。这造成我的神经极度紧张，未曾即位，我的内心就上演了无数遍跟叔叔们殊死争斗的场面。

黄子澄

削藩是必须的，我当时建议马上采取裁减诸王的行动，否则他们的野心就会慢慢膨胀，一旦他们先发制人，年轻的皇上就被动了。

朱允炆

先削谁是个问题。

齐泰

当然是先削燕王朱棣，因为他在诸王中威信最高、实力最雄厚，摆平了他，其余诸藩王将不足为虑。

黄子澄

非也，应该先拿燕王的同胞弟弟周王朱橚开刀，敲山震虎。

朱允炆

我也不知道为什么，当时就选择了黄子澄的方案。或许是因为他是我尚为储君时候的伴读？后来我才知道，这小子眼高手低，把我实实地给害苦了。

黄子澄

我亲自策划了对周王朱橚的逮捕行动，我建议皇上派遣李景隆将军以“备边”的名义，出其不意将周王拿下。

朱允炆

周王被关进了监狱，我想向各位叔叔说明，我并不想下杀手，要是叔叔们知道收敛，那最好不过了。

黄子澄

皇上还是年轻，不懂得唇亡齿寒的道理。周王被整，其他诸王心里能安定吗？因此，我建议皇上把削藩扩大化。皇上听取了我的建议，相继把齐王、代王、岷王拿下。

朱棣

我刚开始以为这是朱允炆新皇上任三把火，后来发现不对，我的这帮兄弟都被他关进了大牢里。

姚广孝

我早年学过相人术，看出朱允炆脸上浮满躁气，难成气候。朱棣不仅相貌奇伟，而且颇有帝王气象。我最终决定将宝押在朱棣身上。

朱棣

没有姚广孝，哪有我的江山坐？

姚广孝

朱允炆如此猴急地削藩，我看实在是不祥之兆。我劝朱棣，干脆扯旗造反，与其被朱允炆削掉，不如搏一把，自己当皇帝！

朱棣

我当时还有所顾虑，毕竟我的儿子还被朱允炆扣押在金陵。倘若我起兵造反，我的儿子就完蛋了。

齐泰

应该把燕王的儿子囚禁起来，作为人质，要挟燕王。

黄子澄

非也。应该把他们送还给朱棣，以安其心，然后发兵突袭，一举将燕王擒获。

齐泰

真不知道你是哪头儿的！

朱允炆

我也是中了邪了，对黄子澄竟然言听计从。

朱棣

哈哈，朱允炆真是个傻瓜。他身边那个黄子澄，简直是老天派去帮我的。儿子回来后，姚广孝建议我装疯，以打消朱允炆的疑心。

朱允炆

跟我装疯卖傻不好使！

朱棣

对不起，侄子，我要造反了！

朱允炆

四叔终于不装傻了。他起兵造反，却不说造反，而是说“清君侧”，将齐泰和黄子澄作为幌子。真是厚黑啊，谋反就说谋反，还说是“靖难”。齐泰建议我，让天下人知道燕王发动靖难之役，乃是国贼的行径，让他名不正言不顺，然后号召天下

仁人志士，勠力勤王讨贼。但我心里很犹豫，不知道咋回事儿，我总是对齐泰的话听不进去。

齐泰

我也是无语了。我的话你不听也就罢了，还自缚手脚——天子之师临行前，他竟然向将士们喊话："毋使朕负杀叔父名。"可笑不可笑？未曾打仗，先缚住将士的手脚，能不打败仗吗？

朱棣

这可把我乐坏了，我这个傻侄儿在决定命运的关节，居然给我送了个大保险。

齐泰

每当燕王面临危难的时候，朱允炆的这句话就起作用，使他转危为安。相反，燕王的攻势十分凌厉，朱允炆前后数易主帅，弃土丢城。燕王很快兵临金陵城下。

朱允炆

我从一开始就犯了用人不当、不会用人的毛病。黄子澄、李景隆这两个人，我一直都信赖有加，但黄子澄出的都是馊主意，李景隆关键时刻献门投降。燕王的军队大张旗鼓地入城，我在钟山寺庙里的袅袅哀音中，只好选择逃亡。

朱棣

关于朱允炆的下落，是一个谜。有的说他战死了，可是找遍了宫内宫外，根本没有发现尸体；有的说他逃亡了，可我称帝之后，派人访遍大明山河的每一寸土地，甚至派遣郑和率领船队前后七次下西洋到海外搜寻，都找不到他。

朱允炆

您肯定找不到我啊。告诉吧，爷爷临死的时候，曾交给我一个铁箱子，说将来自有用到之日。金陵被攻破后，我无路可退，就想起了这个铁箱子，打开一看，原来是一本度牒、一领袈裟、一双僧鞋和一顶僧帽。我当即明白，爷爷早已为我安排好了退路。因此，四叔，您好好做皇帝，我就拜拜喽！成王败寇，认赌服输。说到底，咱们爷儿俩之间的这点儿事，我确实操之过急了。不过我想问问您，如果我不削藩，您还会反吗？

朱棣

……

可怜之人必有可恨之处，这句话用在朱允炆身上再恰当不过。一个人可恨的地方也是导致他可怜处境的必然因素，只是人们往往过于关注他的可怜和可同情之处，却忽视了他的可恨之处。

朱允炆

 ××年

四叔，您好好做皇帝，我就拜拜喽！

 6 **喜欢**  2 **评论**

朱棣

怪不得我称帝后，派人访遍大明山河的每一寸土地，甚至派遣郑和率领船队前后七次下西洋到海外搜寻，都找不到你。

朱元璋

允炆书读得好，仁慈知礼。要不是你觊觎皇位，他兴许是个很不错的守成君主。还好我留了一手。

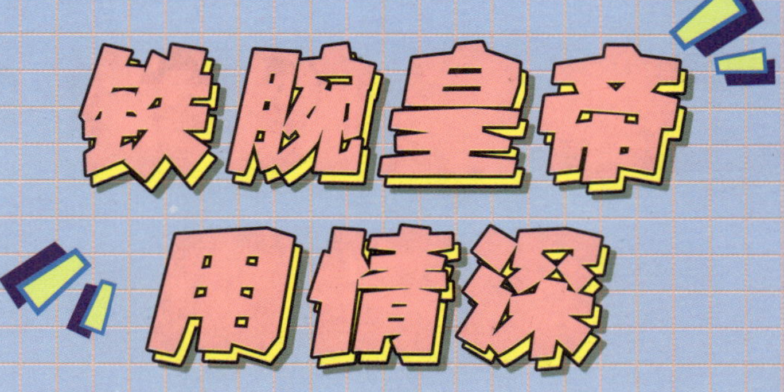

姓　　名：朱见深
庙　　号：明宪宗
生　　卒：1447 — 1487 年
出 生 地：今北京市
民族族群：汉族
职　　位：明朝第 8 任皇帝

进入会场

这个世界上连亲兄弟也不可信！

我也是半推半就，你当我愿意？

不求同年同月同日生，但求同年同月同日死。

我做证！绝对不是蓄谋已久。

我西厂所到之处，无人不闻风丧胆。

朱见深

自辩榜 024 名 >

更多直播间 >

明朝天子多奇葩，比如蟋蟀天子朱瞻基、荒唐天子朱厚照、罢工皇帝朱厚熜和朱翊钧、木匠皇帝朱由校。单看这些称呼，便能看出他们也好不到哪儿去。可是，其中也不乏有为之君，朱见深在史书中评价很高，但因为他宠爱比他年长的万氏而被讥为昏君。真相如何，还得让本尊亲自来一吐为快！

参加此次大会的还有朱祁镇、万贞儿、朱祁钰、于谦、汪直。

历史 1 太好玩了

朱祁镇：明英宗，明朝第 6 任和第 8 任皇帝

万贞儿：明宪宗朱见深的妃嫔，荣冠后宫

朱祁钰：明景帝，明朝第 7 任皇帝

于　谦：明朝大臣、军事家、政治家

汪　直：明朝成化年间宦官，明朝四大宦官之一

朱见深

大家好，我就是明朝的第 8 任皇帝朱见深。我的父亲朱祁镇就是在“土木堡之变”中被俘的明英宗，我的叔父就是明代宗朱祁钰。我父亲宠信宦官，跑去跟瓦剌打仗，结果成了俘虏；为了杜绝瓦剌以他为质要挟大明，于谦拥立了明代宗朱祁钰。

朱祁镇

我御驾亲征也是为了“天子守国门，君王死社稷”的圣训，同时检验一下大明的军队还抗不抗揍，结果两面都让我大失所望。大明军队被瓦剌打了个惨败，我弟弟在后方夺了我的龙椅。这个世界上连亲兄弟也不可信！

朱祁钰

哥哥，你这么说隐瞒了一个最关键的信息，那就是你的被俘。如果你没有成为瓦剌的俘虏，我怎么可能坐上龙椅呢？打死臣弟我也不敢啊。

于谦

这个我可以做证。我当时一看瓦剌用英宗要挟大明，我就想着赶紧立一个新皇帝作为权宜之计，以杜绝瓦剌的野心。当时摆在我面前的有两个选择，一个是郕王朱祁钰，一个是太子朱见深。可是太子年龄太小了，无法主持国事，左右权衡之下，只好立了郕王。国赖长君嘛。

朱祁镇

好个国赖长君！我们父子差点儿都废在你这个主意上。

朱祁钰

哥哥，我是那样的人吗？

朱见深

是不是已经不重要了，不管怎么说，父亲，您最后还是复辟成功了。可是您给我留下了个烂摊子，我有时候甚至想，这个江山如果由叔父或堂弟朱见济他们去坐，会不会更好一点儿？复辟后的您是太能折腾了。

朱祁镇

你试着去过七八年的俘虏生活，就知道我其实并不过分了。

朱见深

您这是在加倍补偿自己啊。

朱祁钰

我这个侄子还是非常不错的，继位后为于谦平反，还承认我的帝号，算是难得的宽仁大度了，而且还把国家治理得井井

有条、繁荣昌盛，甚至还发动了著名的“丁亥之役”，出兵攻打建州女真，战况十分惨烈，女真几乎被灭族。

朱见深

那是，卧榻之侧岂容他人鼾睡？建州女真的势力日益强大，只有先下手为强才能将其从饿狼打成羔羊。可气的是大明那些不争气的子孙，竟然被女真后裔夺了江山，真是气煞我也。不光对女真我采取强硬政策，对南方的流民起义我也毫不手软，打了几场硬仗，终于使国内安定下来。文治武功都取得突出成绩的我，没想到后世却对我大抹其黑。说的无非两件事，一件事是我说话口吃；另一件事就是我宠幸万贵妃。这两件事我要着重说说。

朱祁镇

儿啊，咱们当皇帝的，总会有些风言风语的，你何必介意呢！

朱见深

岂止是风言风语，简直是以偏概全、以瑕掩瑜。我绝非天生口吃结巴，那是由历史原因造成的。我的童年正是父亲被异族俘虏的时代，景泰帝（明代宗，年号“景泰”）想立自己的儿子朱见济为太子，自然对我千方百计地排挤。

朱祁钰

唉，人都有私心和贪心。我寻思我当上皇帝了，怎么也得传给后代啊，可是哥哥的儿子还占着太子之位呢，我得想个办法让我儿子代替他才行。

朱见深

我在深宫之中，既见不到父亲，也很少见到母亲，慢慢地我说话就出了状况。最糗的一次就是成化（朱见深的年号）七年，天空出现了特殊的天文现象，我只得召见内阁大臣。然而，当他们到了之后，我却一句话也说不出来，气氛尬极。从那时起，我就发誓，再也不召集大臣了。后来鸿胪寺卿施纯彦发现了这个问题，就建议我，以后别说“是”字，用“照例”两字代替。我采纳了这个建议，从此我变得“玉音琅然”。他们哪里知道背后这些事！因为我口吃，不愿意跟大臣交流，所以我也一定程度地宠信宦官。大宦官汪直就是由我提拔起来的。

汪直

我不过是陛下与群臣之间的传声筒罢了。

朱见深

你小子怎么不实话实说！

汪直

当然了，西厂就是我极力主张设立的，那可是大明朝三大神秘组织之一，只要穿我大明官服的人听到“西厂”二字，没有不胆裂的！

朱见深

后人把明朝衰败的帽子扣到我的头上，都是你们西厂这些奴才闹的。关于我宠幸万贵妃这件事儿，怎么说呢，这是我的私事，不过我也可以讲讲，没什么大不了的。

万贞儿

陛下，我来替您说。陛下后宫佳丽三千人，为何独宠我一个？这只能从陛下的凄苦童年找根源。代宗继位后，陛下的地位十分尴尬。皇帝是他的叔父，自己却居于太子之位，这是十分别扭的事，尤其是他这位叔父皇帝，十分恋栈，就算英宗被放回来，他也不会痛痛快快地交出帝位。果不其然，他叔父想立自己的儿子朱见济为储君，就千方百计地排挤他。幸亏当时我是唯一在他身边的人，对他百般呵护、千般保护、万般看护。

朱见深

我父亲回国后，被叔父软禁了起来，同时我也被叔父废掉太子之位。好在代宗身体不好。拥护父亲的朝臣发动了“夺门之变”，使他复辟成功。我自然再次成为大明的法定继承人。

在这一系列的宫廷斗争中，万贞儿都发挥了亦母亦姐的奶娘作用。

万贞儿

陛下即位的时候，力排众议，封我为贵妃。他的皇后想跟我争宠，竟然被废，可见我在陛下的心中地位有多高！

朱见深

是啊，我在位二十三年，你绝对称得上独得恩宠！

万贞儿

不求同年同月同日生，但求同年同月同日死。陛下，咱们同年而逝，也算是大有缘分！

朱见深

童年塑造性格，性格决定命运，我信了！

朱见深的谥号是“宪”，《谥法》中:“创制垂法曰宪；刑政四方曰宪；文武可法曰宪。”从他的铁腕事迹来看——对内戡乱，对外靖患，他于这个“宪”字，当之无愧！

最佳自辩榜单 >

朱见深

× × 年

朕的一生大事记：承认景泰帝、宠爱万贵妃、攻打建州女真、设立西厂、为于谦平反昭雪。

6 喜欢　　3 评论

万贞儿

臣妾会追随陛下一辈子。

朱祁镇

坚持做自己，我看好你。

朱祁钰

我明明也很努力的，好不好。

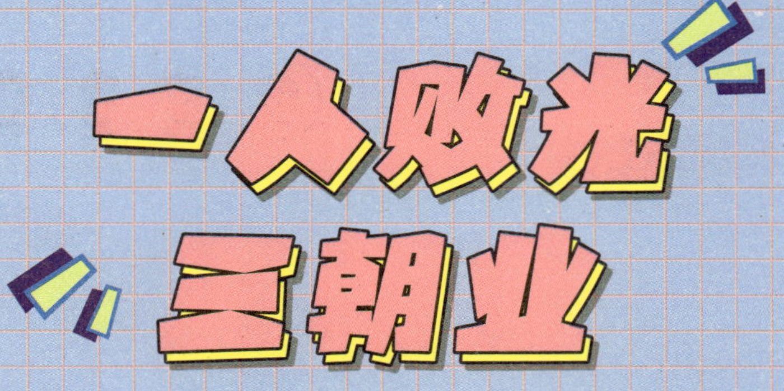

姓　　名：爱新觉罗 · 弘历
庙　　号：清高宗
生　　卒：1711 — 1799 年
出 生 地：今北京市
民族族群：满族
职　　位：清朝第 6 任皇帝

进入会场

我倒要看看谁在居功自傲？

他老人家的烂摊子，还得我来收拾。

和珅，原来你还不算傻啊。

我还不是搂了一辈子的钱都充公了。

好不容易攒下的家业，都被你败光了！

弘历

自辩榜 025 名 >

更多直播间 >

今天出场的是清宫戏上镜率最高的乾隆皇帝。他在位期间，号称“康乾盛世”；他离世的时候，剩下一个烂摊子给继任者，使清朝步入衰落。他多次兴起“文字狱”，导致人才凋零。盛世光环笼罩下的乾隆皇帝，有什么心里话要跟我们说，请他一吐为快！

参加此次大会的还有康熙、雍正、嘉庆、刘墉、和珅、福康安。

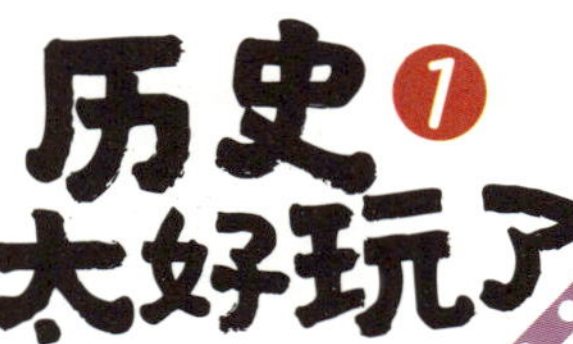

康　熙：清朝第 4 任皇帝
雍　正：清朝第 5 任皇帝
嘉　庆：清朝第 7 任皇帝
刘　墉：清朝乾隆时期重臣、书法家
和　珅：清朝乾隆时期宠臣、权臣
福康安：清朝中期重臣、外戚

弘历

大家好，我是爱新觉罗·弘历，大清的第6任皇帝。我今天来这里是想做忏悔的，因为我的所作所为，实际上开启了大清衰落的序幕，我对此负愧良深。我是中国历史上在位时间第二长的皇帝，仅次于我爷爷，实际执政六十三年，也是中国历史上寿命最长的皇帝，享寿八十九岁。

福康安

还有一项您忘记了，您平定准噶尔部叛乱，使新疆归入大清的版图，为中华开疆拓土，功绩实在远超前人！

康熙

你们君臣还都挺能吹！准噶尔部从我开始就积极谋划平定了，怎么能把功劳都算到弘历头上？

雍正

是啊，我在位的时候，也积极推动此事，这小子也太贪功了吧。不过这小子还是有孝心的，为了在位年数不超过您，干了六十年就退居二线了，又做了三年的太上皇。

嘉庆

那也是父亲在替我把关，我当时毕竟还“少不经事”。

康熙

你继位的时候都快四十岁了，还少不经事，你父亲真够长寿的。

弘历

嘻嘻。后世有一个叫蔡东藩的小说家，说我执政六十多年，多福多寿多男子，人生荣华富贵的际遇，没一事不做到，没一件不享到。英国有个汉学家，叫崔瑞德。他说我是中国历史上最强有力的君主之一，同时“又是一个最有争议的人物”；说我“集艺术家、诗人、焚书者、好战者、穷人的保护者于一身”，既“打败了准噶尔，最终结束了中亚游牧民族的分立状态，强有力地扩大了清帝国的版图”，又刚愎自用，打了劳民伤财的“大小金川之役”和得不偿失的“远征越南、缅甸之战”；还说我既编纂了《四库全书》，又大力焚书，滥行“文字狱”；说我在位期间发展农业、提高生产力，养活了全国三亿人口，使清朝的经济达到鼎盛，但又喜怒无常、挥霍浪费，导致晚年面临贫困和腐败之局面。我还能说什么呢！他们都比我更了解我自己。我自称“十全老人”，不过是吹吹牛，实际上大清到了我的手里，正是到了盛极转衰的临界点，可惜我当时懵懂，一味地迷恋盛世荣光，警惕心都放松了。

康熙

你小子这时候忏悔不是晚了吗？我当初选你父亲当储君的

时候，没想到大清被你小子玩废了。

雍正

你小子花钱不眨眼，我早就知道。哼，我辛辛苦苦地搞改革，推行摊丁入亩，弥补国库亏空，好不容易攒下的偌大家业，竟然被你给败光了。

弘历

父亲，我也是一不留神儿。我前半生是励精图治，后半生是花钱如流水。我可以负责任地说，乾隆一朝，历朝历代灭亡的诱因都被我杜绝了，什么强藩、外患、权臣、外戚、女倡、宦寺、奸臣、佞幸，一概都被我屏除，一切都是我乾纲独断，没谁能阻挠我。

康熙

孩子，这也不能归功于你一个人吧？我和你父亲近八十年的努力难道都白费了？

弘历

当然了，爷爷跟父亲打的底子好，我是不能否认的。

雍正

这还差不多。我当初交给你的可是一个铁桶江山，你垂拱而治罢了。

嘉庆

我就没这个命了，我父亲交给我的江山就剩一副空架子了。用曹雪芹的话来讲：“如今外面的架子虽未甚倒，内囊却也尽上来了！”

康熙

你说的这个姓曹的，可是江宁织造曹寅之孙？说起来，曹家跟我的渊源倒很深呢。曹雪芹之祖父叫曹寅，曹寅之母是我的乳母。曹寅也就成了我的侍读。

雍正

这也是您恩宠曹家的理由。我记得您六次下江南，其中四次都住到了曹家，这份荣宠可谓天高地厚了。曹家为了接驾，闹出了大亏空。我为了填补国库，不得已将曹家抄了家。

康熙

什么？你把曹家给抄了？

弘历

父亲不但抄了曹家，还把曹家的人都发配了，没有这段经历，曹雪芹又怎么会写出《红楼梦》呢？这本小说我都看上瘾了，可惜没看完，后面缺了不少回。回想起祖父六下江南的盛况，我就按捺不住内心的激动。

嘉庆

所以您也效法我曾祖爷，也来了一个六下江南，把大清的钱都败光了。等我继位的时候，还得杀一个和珅先顶一顶，说出来就丢人。

和珅

我还不是乾隆爷养肥了，留给嘉庆爷杀的吗？

刘墉

和珅，你有这份见识，也不算是个笨蛋了。

弘历

我朝出了个大贪官和珅，算是我糊涂的证据。其实我当时想，大清这么富有了，有一两个贪官，小小不言的，有什么了不起，可我没想到，和珅竟然贪了那么多，民间竟流传这么一句话，叫“和珅跌倒，嘉庆吃饱”。要是再给我一次重活的机会，我一定要用小片刀一刀一刀地把和珅给剐了。不过，好在肥水没流外人田，和珅终究还是给我儿子做出了突出的贡献。

和珅

陛下，微臣辛辛苦苦搂了一辈子钱，最终还是都还给您家了，您说我冤不冤吧？

弘历

都是因为我的奢侈，才造就了你这个巨蠹。

刘墉

今天陛下怎么这么具有反省精神啊！您在世的时候可从来没有过。老臣佩服！

弘历

刘墉啊，我后悔啊，我成了中国历史上最大的专制者，人类进步和历史前进的车轮都被我阻断了，我有罪啊。我祖父康熙爷还能够虚心向洋人学习，我却故步自封、自以为是，不肯进步。要是我肯开眼望世界，大胆跟进西方的变革，大清国不至于沦落到后来落后挨打的地步。我有罪啊！

刘墉

陛下，你知道你最大的罪过是什么吗？是“文字狱”！你在位期间文网之密、文祸之多，在中国历史上都是绝无仅有的。这点您比您父亲疯狂多了。据老臣统计，您一共兴起“文字狱”一百三十余起，大多数涉案人员都被判了死刑，手段可谓毒辣。好多“文字狱”都是牵强附会、捕风捉影，一点儿真凭实据都没有。就拿大名鼎鼎的徐述夔《一柱楼诗集》案来说吧。徐述夔本是江苏东台的举人，他去世以后，他的儿子为纪念他，整理刊印了他的诗集《一柱楼诗集》。这本集子中有诗句“举杯忽见明天子，且把壶儿抛半边”“明朝期振翮，一举去清都”等。你就说，徐述夔用“壶儿”比喻“胡儿”，恶意贬低大清；而“去清都”也有暗指清朝灭亡之意。徐述夔最终被你从坟里扒出来，鞭打尸体，还灭了徐家满门，连同乡姓徐的都不能幸免于难。简直是灾难啊，极大地寒了天下读书人的心，弄得社会上人心惶惶。这难道就是你所吹嘘的“康乾盛世”吗？

弘历

世界上没有卖后悔药的，否则我就买来吃了。我当时怎么就那么糊涂呢，伤了天下文人士子的心。

康熙

你小子根本不理解我当初设立博学鸿词科笼络天下士子的深意，包括你的父亲雍正，他也不懂，你们父子俩整天搞“文字狱”，有什么用？大清该亡还不是亡了吗？直到大清亡了，还有那么多读书人骂咱们，后世千秋万代仍然会有人骂咱们，都是你们爷儿俩搞“文字狱”搞的。听说，你小子还把海给禁了？

弘历

说起海禁，我就更无地自容了。当初英吉利国上赶着派使者给我进献洋枪和洋炮，还有制造洋枪洋炮的方法。我当时鬼迷心窍，心想，我大清如日中天、国力强盛，人民安居乐业，用这些劳什子有什么用？再说了，就算打起仗，我八旗子弟个个勇猛如虎，枪炮算得了什么，不过是些淫巧小术，不值得提倡。现在我的肠子都悔青了，我要是知道后来咱们大清遭受的那些苦难，我就是不吃饭不睡觉，也得把西洋的洋枪洋炮搞到手，造得越多越好，让大清子民人人会使、个个会用，也不至于被洋人欺负成那样。

嘉庆

父亲您知道吗？咱大清到后来被八国联军欺负，洋人在海岸线上架上一两门大炮，咱们就得乖乖地去签订丧权辱国的条约，这都是因为您盲目自大、闭关锁国造成的。

弘历

我有罪啊……呜呜……大清不是亡于洋人的坚船利炮，不是亡于太平军、捻军的起义造反，而是亡于我的奢侈、自大和毫无远见啊……呜呜……

将清朝的衰落归咎于乾隆并不为过。他生性奢侈，六下江南，耗费国帑无数；宠用和珅，酿成巨贪；大兴“文字狱”，寒天下士子之心；闭关锁国，绝与时俱进之机。清朝之落后挨打局面，乃至最后灭亡他负有不可推卸的责任。

弘历

× × 年

一味地迷恋盛世荣光，警惕心都放松了。

 6 喜欢  2 评论

康熙

你小子这时候忏悔不是晚了吗？我当初选你父亲当储君的时候，多少是考虑了你的因素的，没想到大清被你小子玩废了。

雍正

你小子花钱不眨眼，我早就知道的，哼！

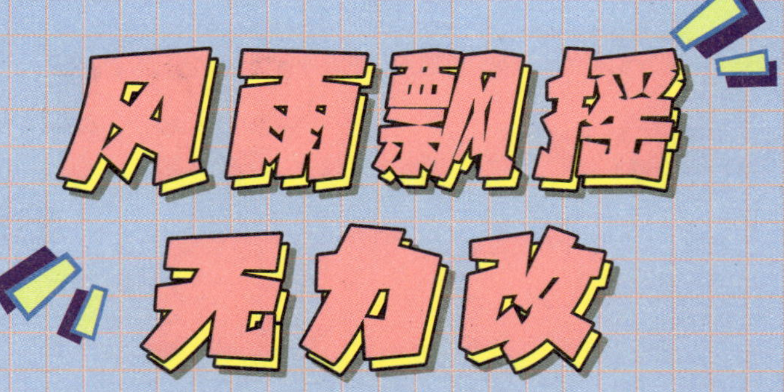

姓　　名：爱新觉罗·奕詝
庙　　号：清文宗
生　　卒：1831 — 1861 年
出 生 地：今北京市
民族族群：满族
职　　位：清朝第 9 任皇帝

进入会场

大清风雨飘摇，内忧外患。

未雨绸缪，我得好好打算打算。

此次的考题是“如果我死了……”

我也想学有所成，可惜学业不佳。

哥哥一走了之，烂摊子还得我来收拾。

奕𬣞

自辩榜 026 名 >

更多直播间 >

今天的嘉宾是清朝的咸丰皇帝。他的时代，清朝风雨飘摇。西方列强的坚船利炮对准国门，洪秀全的太平天国动摇根基，放眼望去，一片愁海。咸丰皇帝身为一国之主，心境如何？且听本尊剖白心路。

参加此次大会的还有奕䜣、慈禧、杜受田、肃顺、曾国藩、洪秀全。

历史太好玩了 7

奕　䜣：清末政治家、洋务运动主要领导者
慈　禧：晚清重要政治人物，清朝同治、光绪时期的实际统治者
杜受田：咸丰帝师
肃　顺：晚清宗室、权臣
曾国藩：晚清政治军事人物、湘军首领
洪秀全：太平天国天王、清末农民起义领袖

奕詝

大家好，我就是传说中的咸丰皇帝，提起我可能存在感不强，提起我的老婆慈禧，我的弟弟恭亲王奕䜣，那可是大大有名。你们都以为当皇帝无限风光，我可以负责任地说，我御宇十年，一天好觉都没睡过，我哪是当皇帝的料啊。让我遛遛鸟，听听戏还行，对付时局、朝局可就玩不转了。不过玩不转也得玩，这就是当皇帝的悲哀。

杜受田

当初，道光帝选立储君，设置了一道考题，叫“如果我死了……”聪明机敏的奕䜣就把后道光时代的治国方略侃侃而谈。我告诉奕詝，你只要表达出儿子关怀老子的声音，你就赢了。果不其然，道光帝并不看重治国方略，他看重的是孝道。

奕詝

我听了老师的话，父亲果然说我仁孝，就把我定为继位人了。说实话，我的心中并没有多少欢喜，相反，却充满了失落感，感觉到巨大的压力向我逼来。

曾国藩

大清风雨飘摇，内忧外患。咸丰帝又是个极其平庸的人，是应付不来的。

洪秀全

我的太平天国，就够他喝一壶的。

曾国藩

你这个乱臣贼子！

洪秀全

你以为我乐意吗？我从小就考运不佳，屡试不第，心灰意冷。那一年广州府试，我再次名落孙山。在路上走着，捡到一本《劝世良言》，是西方基督教的布道书，我被书中内容深深吸引，于是创立了拜上帝会，宣扬人人平等、财产归公，很快就壮大了起来。后来我干脆揭竿而起，建立太平天国，自封天王。

奕詝

我登基才一年光景，洪秀全造反。说来也可笑，当洪秀全在南方攻城略地的时候，我完全不知道发生了什么事，甚至连洪秀全是何许人也都不知道。直到后来丢了几座大城池，我才幡然醒悟，觉察到洪秀全并不是一般的流民草寇。

洪秀全

清朝的腐败超乎我们的想象，八旗子弟也不禁打，很快我们就占领了南京，我把它改为天京，作为太平天国的首都。

奕詝

我气得派人去挖洪秀全的祖坟，可是仍难抵挡太平军的攻势。没办法我只能一年之内两下罪己诏——国事不堪，能力有限，我实在应付不了。慢慢地我学会了逃避，特别爱听戏，只要锣鼓点儿一响，什么太平军、天地会、洋人、条约……种种的危机都不复存在。

曾国藩

看着皇上一筹莫展，我心里也不是滋味。我最拿手的就是搞团练。团练就是民间武装，一般由乡绅出资，由乡绅控制。我很快组建了湘军，成为对抗太平军的主力。

洪秀全

要不是发生内乱，十个曾国藩也休想剿灭我们！

奕詝

可喜可贺，太平天国终于在曾国藩和外国人的帮助下被剿灭了。我终于可以喘口气，过几天舒服日子了。谁承想，西洋人比洪秀全还不是东西。英法联军入侵中国，发动了第二次鸦片战争。

奕䜣

英法联军很快拿下广州，长驱北上。我哥哥把希望寄托在僧格林沁的身上。僧格林沁组织通州阻击战，可是他的满清铁骑却被英法联军打得稀里哗啦。

奕詝

洋人都打到家门口了。我再也坐不住了，决定出逃热河行宫。说出逃太不好听了，我示意宣传部门的领导，对外要称“北狩”。

奕䜣

哥哥一走了之，烂摊子还得我来收拾。

奕詝

弟弟，逃跑也不是一件轻松的事，我一路上只吃了两个鸡蛋和几碗小米粥，差点儿没饿死。

奕䜣

我哥哥前脚走了，英法联军后脚就火烧了圆明园。熊熊大火几昼夜不止，灰烬满天飞舞。一座人类建筑史上的大成之作，眨眼间化作惨不忍睹的残垣断壁。大清的尊严在灰烬中彻底丧失。

奕詝

我听说之后，涕泪横流，却无计可施。我只能在热河的行宫里苟且偷安。避暑山庄的烟波致爽殿里，空气清新，微风荡漾，让我暂时忘却了时局，感觉发生在北京城里的一幕幕惨剧与我毫无关系。我满心沉醉地听戏，不知疲劳，也不知乏味。虽然一路的颠簸和惊吓害得我出现了咯血症状，但正是因为如此，我才觉得光阴可贵，不能虚度，要把能享受的都尽量享受了，不要等着两腿一蹬的时候后悔。

慈禧

皇上病体越发沉重，一旦发生意外，大权将归于何人之手？我可得好好琢磨琢磨。

肃顺

在热河行宫，我说了算。

慈禧

肃顺是个老顽固，最难斗了，不把他斗倒，我肯定难以掌权。不行，我得引入外援才行。

奕詝

我的身体不行了，政事多是那拉氏（慈禧）帮我处理，万一我真的不行了，她作为储君的额娘，肯定是要干政的，这可不是什么好事。

肃顺

我也这么认为，就建议皇上效法汉武帝赐死钩弋夫人的故事，赐死那拉氏。

奕詝

你们努力吧，反正我是见不到那天了。

奕䜣

哥哥死后，皇长子载淳即位。我的嫂嫂联合我，扳倒了顾命大臣肃顺，成功地从这场权力大战中胜出。我哥哥不堪承受帝国重负，死在于国于家无望的悲凉心境中，死在对列祖列宗的深深愧疚中。他以死的方式得到了解脱。

奕訢的时代，内忧外患，他的大脑却停留在“康乾盛世”的余韵中不能自拔，无法面对风雨飘摇的时局，演绎了悲凉糟糕的一生。

爱新觉罗·奕詝

避暑山庄的烟波致爽殿里，空气清新，微风荡漾，让我暂时忘却了时局，感觉发生在北京城里的一幕幕惨剧与我毫无关系。我满心沉醉地听戏，不知疲劳，也不知乏味。

× × 年　　删除　　•••

大臣甲

皇上救命啊！！！